김대중 망명일기

김대중 망명일기

김대중 지음
연세대학교 김대중도서관 기획

1차 일본 망명 중 강연(1973)
김대중은 1973년 2월 18일 나가노현 시라카바 호숫가
카메야호텔에서 열린 제9회 재일한국청년동맹
동계강습회에 초청받아 강연했다.
중앙정보부의 방해 공작에도 불구하고
일본 각지에서 약 400명이 참석했다.

여섯 권의 망명일기
김대중은 1972년 10월 17일 비상계엄
전후 국내외에서 경험한 사건들을 여섯 권의
일기장에 꼼꼼하게 기록했다.

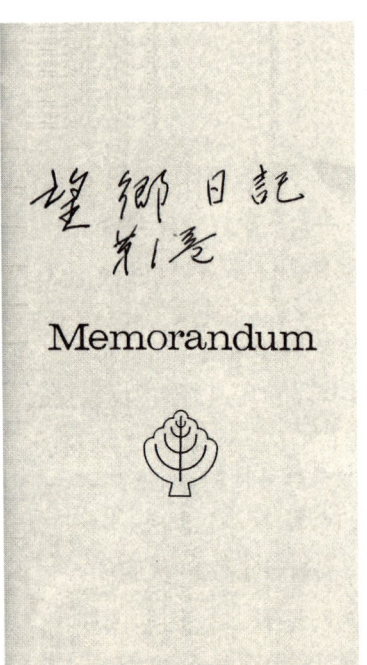
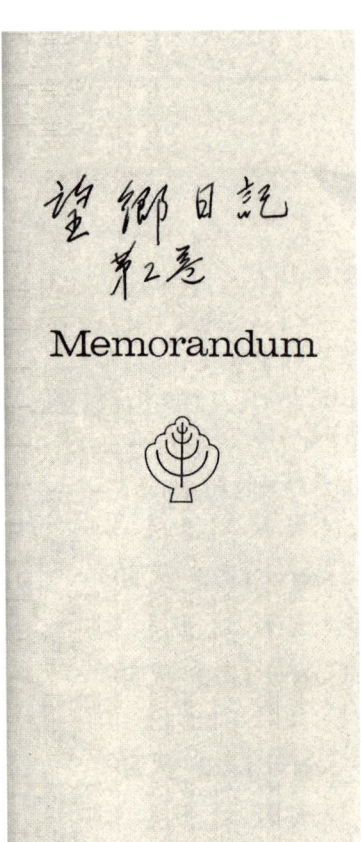

일본과 미국에서 쓴 망명일기 속표지
김대중은 일기 속표지에 『망향일기』(望鄕日記)라는
제목을 달아놓았다.

1972年 10月 17日
火曜日 晴 東京

1. 나는 이 日記를 斷腸의 心情으로 쓴다. 그것은 오늘로 우리 祖國의 民主主義가 形骸마저 살아져 버렸기 때문이다. 朴政權은 非常戒嚴을 宣布하고 國會를 解放하고 憲法의 機能의 一部를 停止시켰다. 今年內에 改憲案을 國民投票에 부쳐서 새로운 大統領과 國會議員을 뽑는다는 것이다. 참으로 青天벼락의 暴擧를 憤怒할수 없는 反民主的 惡事다. 지금 東京에서는 나의 사랑하는 同胞들이 얼마나 놀라고 憤慨하고 그리고 痛心하고 있는가?

1972년 10월 17일 일기

박정희 대통령이 1972년 10월 17일 비상계엄을 선포했을 때 김대중은 일본에 있었다. 김대중은 다리 부상을 치료하기 위해서 10월 11일 일본으로 건너와서 19일에 귀국할 예정이었는데, 비상계엄 선포 소식을 듣고 망명을 결심한다. "나는 이 일기를 단장의 심정으로 쓴다. 그것은 오늘로 우리 조국의 민주주의가 형해마저 사라져버렸기 때문이다."

에드워드 케네디와 김대중(1971년 2월 5일)
김대중은 신민당 대통령 후보로서 미국을 방문했을 때
존 F. 케네디 미국 대통령의 막냇동생인
에드워드 케네디 상원의원을 처음 만났다.
케네디 상원의원은 망명 중인 김대중을 만나서
지지의사를 밝혔고 그 이후로 김대중과 한국 민주화에
대한 지원 활동에 적극적으로 나섰다.

1차 미국 망명 중 강연회 홍보자료(1973)
김대중은 1973년 5월 18일 샌프란시스코에서 열린 시국강연회에서 유신체제를 비판하고 한국의 민주화를 위해서 미국 교포들이 적극적으로 나서야 한다는 점을 강조했다.

『선데이마이니치』(サンデー毎日) 인터뷰 기사

박정희 대통령의 비상계엄 선포 이후인 1972년 10월 20일 김대중은 『마이니치신문』(每日新聞)의 이시카와 쇼(石川昌) 외신부 부부장과 인터뷰를 했다. 이 내용은 『선데이마이니치』에 "나는 한국의 '계엄령'에 분노한다"(私は韓国の'戒厳令'を怒る)라는 제목으로 게재되었다. 망명일기를 보면 이 잡지는 10월 23일부터 시중에 유통되었다는 사실을 알 수 있다.

『독재와 나의 투쟁: 한국 야당 전 대통령 후보의 기록』(1973) 표지
김대중은 일본 망명 기간 중에 자신의 정치역정을 정리한 단행본을 펴냈다. 이 책은 김대중의 최초의 자서전이며 1985년에 한국어로 번역되어 『행동하는 양심으로』라는 제목으로 출간되었다.

THE NEW YORK TIMES, FRIDAY, FEBRUARY 23, 1973

Advice on Asia

By Kim Dae Jung

WASHINGTON—Having exerted their influence in Asia for the last 27 years, American forces are, in the name of the Nixon Doctrine, gradually withdrawing from Asia, thereby leaving behind the domino tendency of military dictatorship. The proud history of American democracy may not record this act kindly but also will in time inflict pain on the conscience of the American people; for with power comes responsibility. In the moment of hopelessness and of unfulfilled dreams, freedom-loving Asians will reflect on the valued friendship with America with bitterness.

Many countries in Asia under dictatorship have neither bread nor freedom. Since Communism at least guarantees them bread, you can very well see which way these people will be going. If Asia, especially Korea, turns to Communism, Japan will, of necessity, be armed with nuclear weapons and may well come under militaristic rule again. Who can foretell or guarantee, once again rearmed, Japan will not emerge in the Pacific for the second time?

A particular issue during my Presidential campaign, I wish to point out here, was the security guarantee of the Korean Peninsula by four powers, representing the United States, U.S.S.R., the People's Republic of China, and Japan; furthermore, these four powers should establish a non-aggression treaty among themselves to guarantee security for the rest of Asia.

Your experience in Asia during the last 27 years might remind you of bitter memories and sometimes ingratitude, but you must continue to help true democratic forces to take root there. Also keep in mind that the arms and money you gave should not be used by any dictators to oppress and weaken the very people you set out to help. Only when at last democratic forces in Asia take deep root and grow will the sacrifice of 34,000 young Americans in Korea and 45,000 in Vietnam prove to have been worth their heavy cost.

We recognize that American influence on Asian countries is no longer prevalent. But if American influence can be joined with a newly emerging Japanese influence, then America is in a much stronger position than she was in 1950. If and when these two nations demand democratic policy from other Asian leaders, there can hardly be anyone who could refuse such a demand.

North Korea and the People's Republic of China are still in favor of the withdrawal of American forces from Korea; but an anticipation that once American forces withdraw from Asia, especially from Korea, Japan will not only rearm but lean toward a militaristic regime is a source of great concern to these Communist nations and allows them second thoughts about the American withdrawal. Although American forces have remained in Korea simply to prevent another invasion from the North, new political developments in Asia present circumstances calling for a complete re-evaluation of the entire Asian policy by the American people.

Kim Dae Jung, who now resides in Washington, was nominated for the presidency of South Korea in 1971 by the New Democratic party.

『뉴욕타임스』 기고문(1973년 2월 23일자)
김대중이 "Advice on Asia"라는 제목으로 기고한 글이
『뉴욕타임스』에 게재되었다. 김대중은 박정희 정권을 지지하는
미국의 정책 전환을 목표로 하고 있었기 때문에 미국 사회에 영향력이
큰 『뉴욕타임스』에 자신의 기고문이 실린 것을 크게 기뻐했다.

한국을 방문한 에드윈 라이샤워와 김대중(1973년 11월 17일)
주일 미국대사를 역임한 에드윈 라이샤워
하버드대학교 교수는 김대중을 미국 학계와
정계에 적극적으로 소개했으며
일본 정부에도 김대중의 활동에 관심을
가져줄 것을 당부하기도 했다.
김대중은 1차 망명시기 미국인으로서
자신에게 가장 많은 도움을 준
인물로 라이샤워를 들었다.

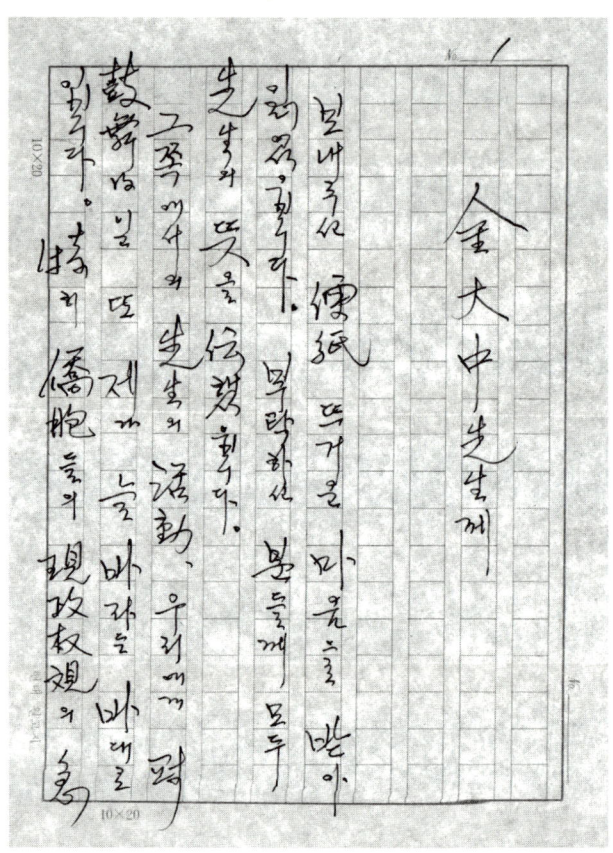

김지하가 김대중에게 보낸 편지(1973년 6월 4일)
"보내주신 편지 뜨거운 마음으로 받아 읽었습니다.
부탁하신 분들께 모두 선생의 뜻을 전했습니다.
그쪽에서의 선생의 활동, 우리에게 퍽 고무적이고
또 제가 늘 바라는 바대로입니다."

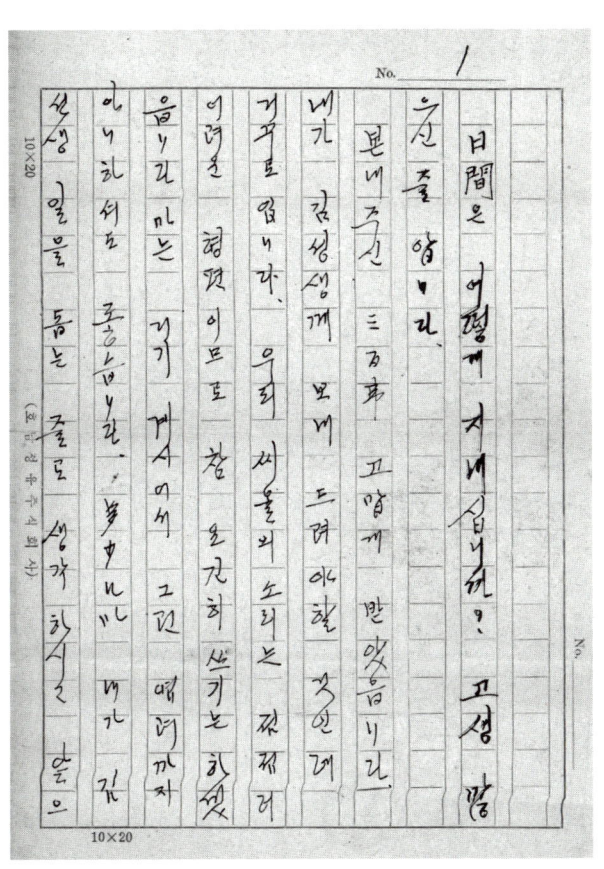

함석헌이 김대중에게 보낸 편지(1973년 6월 14일)
"일간은 어떻게 지내십니까? 고생 많으신 줄 압니다.
보내주신 300불 고맙게 받았습니다.
내가 김 선생께 보내 드려야 할 것인데 거꾸로입니다.
우리『씨올의 소리』는 점점 더 어려운 형편이므로
참 요긴히 쓰기는 하겠습니다마는 거기 계시어서
그런 염려까지 아니 하셔도 좋습니다."

한국을 방문한 제롬 코헨과 김대중(1974년 4월 13일)
김대중은 1971년 1월 미국을 방문했을 때
제롬 코헨 하버드대학교 교수를 만나
친분을 쌓았다. 코헨은 김대중 납치사건 당시
헨리 키신저 당시 미 국가안보보좌관에게
직접 전화를 걸어 김대중 구명을 요청했다.

납치사건 이후 22년 만에 일본을 방문한 김대중과 만난 덴 히데오(1995년 4월)
덴 히데오 참의원은 1차 망명 중인 김대중을 만난 이후 한국의 민주화와 동북아 평화 문제에 관심을 갖고 적극적으로 활동한 정치인이다.

2차 미국 망명 중인 김대중을 만나기 위해 미국을 방문한 우쓰노미야 도쿠마(1984년 1월)
자민당 내 진보파 정치인 그룹 아시아·아프리카연구회(AA연)를
이끌고 있던 우쓰노미야 도쿠마 중의원은
1차 망명 중인 김대중을 만난 이후 김대중의 활동을
적극적으로 지지했다. 특히 납치사건 직후 일본 정부에
이 사실을 알려서 김대중의 목숨을 구하는 데 중요한
역할을 했다. 두 사람은 11년 만인 1984년 1월
미국에서 다시 만났다.

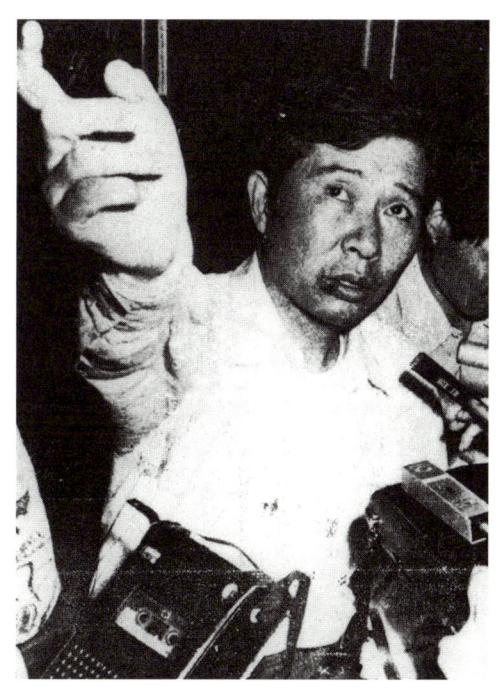

**납치사건에서 구사일생으로 생환한 직후 동교동 자택에서
기자회견하는 모습(1973년 8월 13일)**

유신체제를 수립한 박정희 정권은 국내에서의 저항은 억누를 수
있다고 인식하여 해외에서의 반유신 여론만 막으면
장기 집권을 하는 데 어려움이 없을 것이라고 판단했다.
이러한 상황에서 김대중의 1차 망명 활동이 성공을 거두게 되자
박정희 정권은 큰 부담을 느꼈다. 박정희 정권은 김대중에 의한
반유신 여론 형성을 근본적으로 막기 위해 납치사건을 일으켰는데
미국이 개입하여 김대중은 죽음의 문턱에서 살아 돌아올 수 있었다.
반유신 여론 형성을 막기 위해 일으킨 이 사건은 오히려
유신체제의 폭력성을 국내외에 알리게 되는 결정적인 계기가
되었으며 유신체제 붕괴의 첫 계기가 되었다는 평가를 받고 있다.

김대중 망명일기

고난에서 영광으로, 한국에서 세계로 | 박명림 • 23

1972년   8월 • 35

1972년   9월 • 47

1972년 10월 • 57

1972년 11월 • 93

1972년 12월 • 151

1973년   1월 • 207

1973년   2월 • 257

1973년   3월 • 305

1973년   4월 • 351

1973년   5월 • 401

『김대중 망명일기』의 역사적 가치와 그 의미 | 장신기 • 417

고난에서 영광으로, 한국에서 세계로
• 『김대중 망명일기』 발간에 부쳐

연세대학교 김대중도서관은 김대중 대통령이 1차 망명시기(1972. 10. 17-1973. 8. 8)와 그 직전에 작성한 일기를 판독하고 해제하여 『김대중 망명일기』를 세상에 내놓는다. 전체 6권의 아주 작은 수첩에 작성된 이 일기는 1972년 10월 17일 박정희 대통령의 비상계엄이 선포되기 70여 일 전인 8월 3일부터 작성되어 1973년 5월 11일까지의 내용이 담겨 있다. 망명 직전 시기의 일기는 1972년 8월 3일부터 10월 13일까지이며 총 72일 중 일기를 쓴 날은 16일에 이른다. 그리고 1972년 10월 17일 망명을 결심한 날부터 1973년 5월 11일까지 207일간은 매일 일기를 작성하여, 이 책에 수록된 일기는 전체 223일이다.

김대중 대통령은 생전에 한 번도 망명 시기에 쓴 일기를 말한 바가 없어서 아무도 그 존재를 모르고 있었다. 필자가 김대중도서관 설립 초기 사료센터장으로서 미국 자료를 수집하고 정리하는 책임을 맡고 있는 관계로, 미국 망명시기 자료에 관해 대화를 수차 나눌 때에도 대통령은 한 번도 일기의 존재를 말한 적이 없었다. 미국 방문을 통해 수집한 방대한 양의 김대중 관련 현지 자료를 보고할 때에도 언급이 없었다.

이 망명일기는 이희호 여사 서거 이후 3남 김홍걸 김대중·이희호기념사업회 이사장에 의해 동교동 김대중 대통령 사저에서 발견되었다. 일기는 수첩의 매 쪽마다 빼곡히 쓰여 있으며, 미국에 체류하던 1973년 5월 11일까지의 내용만 수록되어 있다. 5월 12일 일기부터는 분명 다른 수첩에 작성했을 것이고, 8월 8일 도쿄에서 납치되어 망명 활동이 강제로 종료될 때까지의 상황을 감안하면 최소한 수첩 두 권 분량의 일기가 더 있었을 것이다. 안타깝게도 그 두 권의 소재는 현재 확인할 수가 없다. 그래도 6권의 일기가 남아 있다는 것은 큰 다행이다.

김대중도서관은 김홍걸 이사장으로부터 이 일기에 대한 판독 및 정리를 요청받고 김대중 대통령의 친필 판독 작업에 경험이 있는 김대중평화회의 김정현 홍보위원장, 김대중평화센터 박한수 기획실장, 김대중도서관 장신기 박사 등으로 판독팀을 구성하여 판독 작업을 본격화했다. 원문은 수많은 한

문 어휘가 섞인 필기체여서 판독이 결코 쉽지 않았기 때문이었다. 일차 판독 이후 최종 원문 검증, 내용 검토, 해설과 해제는 김대중도서관의 필자와 장신기 박사가 맡았다. 그 과정에서 수차 토론을 거쳐 우리는 이 일기를 『망명일기』로 명명하기로 했다. 이렇게 필요한 단계와 절차를 충실하게 진행한 후에 이 일기를 세상에 내놓게 되었다는 점을 독자들에게 밝힌다. 무엇보다 김홍걸 이사장의 판독 요청이 아니었다면 이 『망명일기』의 출간은 불가능하였다는 점에서 깊은 사의를 표한다.

망명은 자기 땅으로부터 스스로 또는 강제로 분리된다는 뜻이다. 따뜻하고 편안한 가족 및 조국과의 절연을 의미한다. 수동적인 또는 능동적인 고난을 말한다. 가장 익숙한 것들과 단절됨으로써 인간이 가장 약해지는 순간이다. 그러나 그 기간은 가장 강해지는 때이기도 하다. 도약과 재탄생의 계기가 된다. 익숙한 것들과의 단절을 통해 새 사유, 새 세계, 새 지평에 도달하고, 그를 통해 옛것들과 새롭게 다시 만나게 된다. 망명(亡命)과 망향(望鄕)이 하나인 이유다. 그점에서 이 『망명일기』의 본래 표지가 『망향일기』(望鄕日記)로 되어 있는 점은 의미심장하다.

하여, 김대중에게 망명은 그가 믿는 신앙의 한 대표 의식(儀式)처럼 피정(避靜)이나 또는 피난을 의미했는지 모른다. 즉 그에게 망명은, 그 종교의 한 성인이 준 깊은 교훈처럼 망명지라는 새 세계로 "온전한 마음으로 들어와(*Intrate Toti*), 홀로 머물렀다가(*Manete Soli*), 다른 사람이 되어 나가는(*Exite Alii*)" 일종의 귀소(歸巢)를 위한 자기 승화의 과정이었는지 모른다. 『김대중 망명일기』에는 밖의 격동과 안의 고요가 만나고, 외적인 고난과 내면의 간구가 만나는, 이 자기 승화의 과정이 오롯이 기록되어 있다.

그 승화를 보며 우리는, 필연에 굴복하지도 않고 우연을 과장하지도 않으면서 필연과 우연을 결합하는 대연(對然)의 자세로 자신의 운명과 삶에 감연(敢然)히 맞섰던 한 인간을 만나게 될 것이다. 그러나 큰 인간들 일반처럼, 김대중의 감연은 어쩌면 태연(泰然)과 한 쌍일지도 몰랐다. 운명에 태연히 순응하는 동시에 감연히 맞서 일어서는 모습의 하나된 결합을 말한다. 죽음을 각오한 결기에서는 마치 운명조차 초극한 듯한 경지가 보인다.

『김대중 망명일기』는, 따라서 시기는 짧지만 그 자장은 아주 긴 일기다. 승화를 통해 고난은 성공을 위한 씨앗이 된다. 조국의 실상을 이전보다 더 잘 보게 되며, 국민의 목소리를 더 잘 듣게 된다. 즉 개인의 고난이 공동체에 유익이 되고, 현재의 고난이 미래에 유익이 되는 한 증거가 김대중의 망명이라고 할 수 있다. 고난에 처한 한 개인이 공동체를 위해 기도하고 인내하며 준비하는 과정을 함께 읽어내기를 소망한다.

개인 김대중 차원에서 우리는 '망명자 김대중'을 통해 두 사람의 김대중을 만난다. 먼저, 우리와 같은 평범한 인간 김대중, 남편 김대중, 아버지 김대중을 만난다. 이 일기에는 가족을 조국에 남겨두고 머나먼 이국에서 홀로 망명 투쟁을 하는 한 가장의 애틋하고 인간적인 고뇌가 잘 드러나 있다. 일기 곳곳에 나타나 있는 부인 이희호 여사와 세 아들을 향한 깊은 걱정과 절절한 사랑은, 자기 자신의 운명에 대한 결연한 결기와 더불어, 일기를 읽는 우리를 자못 숙연케 한다.

또한 우리는 같은 '망명자 김대중'을 통해 단호한 민주주의자 김대중과 간절한 기도자 김대중과 뜨거운 애국자 김대중을 만나게 된다. 특히 견인불발의 자세로 운명에 맞서 자신과 나라의 미래를 준비하는 비범한 준비인(準備人) 김대중, 미래인(未來人) 김대중, 정치인 김대중을 만난다. 그는 망명의 시기에도 '집권' '대통령' '정권 인수' '정권 유지', 집권을 통한 국민의 '자유와 행복'을 말하고 있다. 고난 속의 강렬한 공동체 헌신과 권력 의지의 표현이다. 취임 이후의 성공한 대통령은 실로 오랜 내적 다짐과 준비의 산물이었던 것이다.

한 개인의 세상과의 만남의 지평에서 볼 때 김대중의 1차 망명은 그의 국제연대의 초기 맹아기에 해당한다. 국내의 유력 정치인에서 망명이라는 고난을 통해 국제적 인물로 부상하는 계기였다. 망명을 통해 김대중은 미국과 일본을 디딤돌로 삼아 민주화 투쟁과 민주주의에 관한 한 한국 최고의 대표주자이자 국제 공공재로 부상하게 되었다. 세계와의 첫 주체적 대면이었던 3·1 운동 이후 한국의 궤적은 세계와의 의식적 연대의 역사였다. 김대중이 큰 물꼬를 튼 민주주의를 위한 국제연대는 현대 한국의 네 번째 국제연대였다.

첫 번째는 망국 이후 광복과 주권 회복을 위한 국제연대였다. 이때의 국제연대는 한국의 건국과 향후 국가행로에 결정적인 영향을 미쳤다. 두 번째는 한국전쟁의 고난과 희생에 기반한 자유와 안보를 위한 국제연대와 동맹이었다. 대륙국가가 해양국가로 자리매김하는 대전환의 계기였다. 세 번째는 산업화와 시장 개척을 향한 세계 진출이었다. 급속한 경제발전과 국가도약을 위한 계기였다.

김대중의 망명은 개인 고난을 통해, 그 자신과 한국의 민주화운동이, 함께 세계로 진입하고 함께 세계와 연대하는 계기였다. 이후 그의 삶은 장구한 국제행로를 뚜렷하게 보여준다. 그의 국제연대는 외국의 정치인, 관료, 언론인, 학자, 종교인, 그리고 한국 교포에 이르기까지 매우 광범위했다. 그러나 그에게 고통과 피난, 고난과 피정의 의미를 함께 갖는 망명은 한 번으로 끝나지 않았으니, 운명은 그에게 나라를 맡기기 위한 형극을 한 번 더 예비하고 있었던 것이다. 이후 다가온 더 큰 고난에 비례하여 그의 세계진입과 연대는 반(反)유신 투쟁, 광주항쟁, 2차 망명, 강력한 민주화 투쟁으로 인해 더 밀착되고 더 광범해지고 더 공고화하였다. 고난이 그를 세계로 끌어내는 동시에 세계로 밀어 올렸던 것이다.

 김대중의 망명과 국제연대는, 한편으로는 개인적 차원의 네트워크 구축과 국제 공공재 위치를 통해, 다른 한편으로는 인권·민주주의·화해·평화라는 보편적 가치의 공동 추구를 통해, 자신의 국제 리더십과 명성, 그리고 한국의 민주화와 외환위기 극복과 한반도 평화와 안정을 위한 결정적인 주춧돌 역할을 수행했다. 미리 치른 벌금으로 인한 훗날의 큰 상금이 아닐 수 없었다. 고난의 크기와 영광의 크기는 비례한다. 고난으로 인한 개인 담금질과 시대 전환의 결합을 말한다. 자기의 꿈과 국민의 꿈과 시대의 꿈을 일치시킬 수 있는 삶은 실로 얼마나 행복한가?

역사적 사실 및 평가와 관련해서도 이 짧은 일기 속에는 김대중의 정치사상 및 노선과 관련하여 주목할 만한 중요 기록이 적지 않다. 훗날 비밀 해제된 미국 자료를 통해서 명백한 객관적 사실로 밝혀지는 내용—즉 남북대화와 남북 상호 독재체제 전환의, 남북 당국 사이의 사전 비밀 조율과 병진—에 대한 사건 당시의 예리한 통찰과 반복적인 비판을 비롯해, 사후 공개된 다른 기록을 통해 당시 그의 실제 발언과 행동으로 규(糾)명된 내용—예컨대 교포 사회 일부의 북한 편향 노선과 활동에 대한 강력한 비판과 우려, 공산주의에 대한 확고한 반대, 독재에 대한 비판과 대한민국에 대한 사랑의 겸전, 즉 반(反)독재와 친(親)대한민국의 분명한 구별과 견지—그리고 박정희 정부의 비상조치에 대한 선견, 박정희 정부 정보기관의 협박과 감시, 독재정권의 필연적 몰락의 예견, 반미(反美)에 대한 반대 등의 내용을 포함한다. 유신 선포 전후에서 김대중 납치사건까지를 메꿔줌으로써 역사 기록의 결락(缺落) 지대를 채워줄 수 있는 하나같이 중요한 내용들이다.

이 망명일기가 단순한 개인 일기를 넘어 일종의 '망명기록'의 성격을 동시에 갖는 까닭이다. 따라서 이 망명일기는 그동안 제대로 알려지지 않았던 김대중 1차 망명 활동의 내용을 파악하는 데에 중요한 학문적 가치가 있다. 1차 망명 활동은

1973년 8월 8일 발생한 김대중 납치사건의 배경이 되고, 무엇보다 직접 연관되어 있음에도 불구하고 국내외적으로 엄청난 파장을 불러일으킨 납치사건 자체에 가려져서 그동안 본격적인 정리와 연구가 이뤄지지 못한 상태였다. 2023년에 김대중도서관이 연구총서 제5권으로 『김대중 1차 망명과 반유신 민주화운동』을 출간하기 전까지 1차 망명 활동은 거의 알려진 바가 없었다. 그러나 이 일기는 위 연구서에서조차 아직 언급되지 않은 데서 볼 수 있듯, 김대중의 민주화운동에 있어 중요한 위치와 의미를 갖는 1차 망명시기에 대한 본격적인 탐구를 위한 핵심 토대가 된다는 점에서 큰 사료적 의미를 갖는다고 할 수 있다.

이 『망명일기』는 많은 분의 헌신과 노력으로 출간될 수 있었다. 먼저 김대중 대통령의 유족인 김홍업·김홍걸 두 분께 감사드린다. 두 분은 김대중 대통령의 혼이 담긴 이 기록이 세상에 빛을 볼 수 있도록 각별한 협조를 해주었다. 연세대학교는 김대중 대통령에 대한 학술사업의 진흥을 위해 긴 시기 동안 변함없는 지원과 도움을 제공해주고 있다. 이 기회를 빌려 윤동섭 총장과 관계자들에게 깊은 감사를 드린다. 이 망명일기의 원만한 출간을 협조해준 장용석 기획실장과 양재진 전 김대중도서관장에게도 사의를 표한다.

어려운 작업인 내용 판독과 정리를 직접 맡아준 김정현·박한수·장신기 세 분에게 깊이 감사드린다. 세 분의 전문성과 노고가 없었다면 이 일기의 출간은 가능하지 않았다. 또한 판독 과정에서 도움을 준 김성재·남궁진 전 문화관광부 장관, 『슈칸겐다이』의 다치카와 마사키(太刀川正樹) 기자에게도 감사드린다. 편집과 출간을 위한 제반 업무를 담당해준 김대중도서관의 박상욱 부관장과 선우세림·박정연 선생에게도 감사를 표한다.

이렇게 훌륭한 책이 나올 수 있도록 편집·디자인·출간 작업을 위해 세심히 작업해준 한길사의 김언호 대표와 백은숙 주간께 감사드린다. 특히 김언호 대표는 김대중 대통령의 『나의 길 나의 사상』(1994), 『김대중 육성회고록』(2024)을 출간한 경험으로부터 이 책이 성공적으로 간행될 수 있도록 큰 역할을 해주었다. 이 자리를 빌려, 생전에 김대중 대통령이 직접 『나의 길 나의 사상』과, 그 책을 출간한 한길사에 대한 각별한 애정을 표시했던 점을 밝혀두고자 한다.

2024년 12월 3일 심야의 충격적인 비상계엄의 선포로 인해 우리는 시민과 의회의 세계를 놀라게 한 민주주의 회복력이 아니었더라면 하마터면 반세기 전인 1972년과 같은 암흑의 비상사태를 다시 맞을 뻔했다. 역사의 역진(逆進)은 거의 현실이 될 뻔했다. 그럴 경우 우리 중의 일부는 자유와 권리를, 나아가 생명을 빼앗겼을지도 모른다. 그중에는 아마 자발적·강제적 '망명'도 포함되었을 것이다.

시대착오적 비상계엄으로 온 나라가 혼란과 어려움을 겪는 상황과 정면으로 맞서는 가운데, 역사 속의 비상계엄 시기로 다시 들어가 김대중이라는 한 인물의 고투를 기록한 일기와 대면하면서 판독과 해제 작업을 통해 이 망명일기가 세상 빛을 보게 된 것은 단순한 우연이 아니라고 본다. 과거와 현재의 두 비상계엄을 동시에 마주하면서 필자는, 역사는 어제의 정치이고 정치는 오늘의 역사라는 선현의 옛 언명을 절감했다.

이 일기에는 한 줄기 희망조차 찾기 힘든 상황 속에서도 좌절하지 않고 자신의 전부를 바쳐 이 땅의 민주회복을 위해서 혼신의 노력을 다하는 김대중 대통령의 불굴의 의지가 고스란히 담겨 있다. 앞으로 『김대중 망명일기』는 우리의 위대한 선조들이 남긴 저 역사적인 일기들, 즉 누란의 전란 중에 남긴 가장 위대한 일기*와, 이국을 여행하며 남긴 가장 탁월한

---

* 이순신의 『난중일기』와 류성룡의 『징비록』을 말한다.

일기*와, 망국 시기 광복 투쟁을 위한 가장 가슴 저린 망명일기들**과 함께 읽히고 함께 길이 남겨지리라 확신한다.

그 일기들과 그것을 쓴 사람들은 우리 역사의 한 시대와 우리 정신의 한 정점을 확고하게 대표하고 있다. 미래의 한국 역사에서 『김대중 망명일기』가 그 최고 일기들의 목록에 추가되는 것은 당연할 것이다. 현재와 미래 독자들의 많은 관심을 부탁드린다. 귀중한 '망명일기'를 이 세상에 남긴 김대중 대통령께 가장 깊은 사의를 표한다.

2025년 6월
연세대학교 김대중도서관장
박명림

---

* 박지원의 『열하일기』와 민영환의 『해천추범』을 말한다.
** 이승만의 『이승만일기』와 김구의 『백범일지』를 말한다.

1972년 8월

"인생의 가치는 얼마만큼
높은 자리에 있었느냐에
있는 것이 아니라
얼마만큼 바르게 최선을 다해서
살았느냐에 있다."

8월 3일* 도쿄(東京)

1. 일본에 와서 가장 마음이 아픈 것은 과거 민단에서 야당 역할을 하던 소위 '자주민단'(自主民團) 세력이 조총련과 같이 7·4 남북공동성명 환영 행사를 하고 있다는 사실이다. 그들이 이러한 모습을 보이게 된 데에는 정부의 책임도 크고 규탄받아야 하지만 그렇다고 대한민국 정부는 물론 우리와 한마디의 상의도 없이 이와 같은 조치를 취한 것은 큰 과실이다. 결국 어느 쪽에도 정착지를 갖지 못한 고아가 되고 말 것이다.

---

* 김대중은 다리 부상 치료를 위해 1972년 8월 1일 일본으로 출국하여 9일에 귀국했다. 김대중은 1971년 5월 24일에 발생한 의문의 교통사고로 인하여 구사일생으로 목숨은 구했으나 다리에 부상을 당했다. 김대중은 국내에서 치료받는 과정에서 정치 테러를 당할 가능성이 있다고 판단하여 일본 게이오대학(慶應大學)의 고토 유이치로(五島雄一郞) 교수에게 진료를 받기 시작했고 8월 1일 일본으로 간 것도 그 때문이었다.

8월 4일 도쿄

1. 지난 2일 발표한 사금융에 대한 조치*는 5·16 이래 최대의 폭거다. 이는 박정희 정권의 운명을 좌우할지 모른다. 도대체 정상적인 사고방식으로 어떻게 이런 일을 할 수 있는가. 농어촌 고리채는 소수의 채권자를 희생시키고 절대다수의 농민에게 혜택이 갔다. 그러나 이번에는 절대다수의 서민의 희생 위에 극소 재벌을 도와주는 것이며 앞으로 중소기업 금융을 완전 경색시키고 불경기를 더욱 가중시킬 것이다.

---

* 박정희 대통령이 8월 2일 오후 긴급재정명령을 통해 8월 3일부터 기업사채를 전면 동결한다고 발표한 것을 뜻한다(8·3 사채 동결조치).

8월 9일 도쿄 → 서울

1. 자유의 보장, 생활의 보장, 양심의 보장이란 3대 보장을 성취하는 것이 나의 정치 목표다. 또한 이것 없이는 결코 대한민국은 살아남지 못할 것이다.

2. 한국의 정치인은 먼저 우리 국민에 대한 가치를 제대로 인식하여 국민을 존경하는 자세를 갖는 것부터 시작해야 한다. 2,000여 년을 중국에 시달리면서 끝내 자기의 본질을 훼손하지 않고 고수해온 끈질긴 저항력을 우리는 자랑스럽게 생각해야 한다. 몽골이 오늘날 100만 명을 남겨놓고 동화되었으며 만주족이 모조리 중국화된 사실을 보라. 하물며 그들은 한때 원나라와 청나라를 건설해서 중원 천지를 지배했었다.

우리 민족은 일본에 대해서도 마찬가지의 저항을 보여주었다. 작년 선거에서 그들이 발휘한 힘을 보면* 그것이 세계에 예가 드문 불리한 여건 속에서 발휘된 사실을 감안할

---

* 1971년 4월 7대 대선과 1971년 5월 8대 총선을 의미한다.

때 우리는 놀라움과 숙연한 심정을 금할 길이 없다.

우리 민족은 높은 교육 수준, 근면하고 총명한 자질 그리고 군대에서 기술과 단체 훈련을 받은 경험 등 결코 선진국의 수준에 뒤진 바가 없다. 오직 바른 정치가 이와 같은 강인한 생명력과 우수한 자질을 가진 국민을 바른 궤도에 올려만 놓으면 무서운 폭발력으로 발전해나갈 것이다. 남북 5,000만이면 세계 16위의 나라다. 대국 중 대국이다. 앞날에 자신과 희망을 가지고 나가야 한다.

8월 11일

1. 사람은 태어나서 누구나 한 번 죽는다. 그 죽는 시기도 전혀 모른다. 자기도 모르는 시기에 꼭 한 번 죽는다면 조국과 국민을 위해 죽는 것 이상 값있는 죽음이 어디 있겠는가.

8월 14일

1. 인생의 가치는 얼마만큼 높은 자리에 있었느냐에 있는 것이 아니라 얼마만큼 바르게 최선을 다해서 살았느냐에 있는 것이다. 그러나 우리는 이 만고불변의 이치를 잊어버리고 수단 방법을 다해서 돈과 높은 지위만을 위해서 자신조차 잊어버리고 날뛰다 쓰러진다. 하느님과 자기의 양심에 부끄럽지 않은 그리고 국민과 세계 인류를 위해 헌신한 일생이야말로 가장 고귀한 가치가 있는 것이다. 나는 이와 같은 길을 행동으로 실천하는 일생을 관철하고야 말 것이다.

2. 철석같은 신념과 불굴의 행동은 불가능을 가능하게 한다. 오늘 당대회의 3차 연기를 가능하게 한 것도 나의 이와 같은 자세에 있었던 것이다.

8월 23일

1. 무슨 일이든지 적극적인 자세로 임해야 한다. 의심, 주저, 우려는 일을 착수하기 전에 완전히 정리하고 이미 시작할 때는 오직 성공 하나만을 굳게 믿고 나가야 한다. 이러한 적극적인 확신이야말로 모든 현사(現事)를 가능하게 하는 원동력이다.

8월 26일

1. 흔히 1975년에는 선거가 없을 것이라 한다.* 나도 그 가능성을 부인하지 않으며 또 그런 징조나 정보도 많다. 그러나 이것은 걱정해보았자 소용없는 일이요, 내 힘으로 어쩔 수 없는 점도 많다. 오직 나는 나의 최선을 다해서 대처할 뿐이며 결과는 하늘에 맡길 수밖에.

---

* 당시 헌법에는 대통령의 임기가 4년이고 3선까지 연임이 가능하다고 되어 있었다. 그래서 1971년 7대 대선 이후 1975년 8대 대선이 실시되어야 하고 이때는 박정희 대통령이 출마할 수 없었다. 이런 상황 때문에 1975년 대선 전에 박정희 대통령이 특별 조치를 할 가능성이 있다는 전망이 나오고 있었다. 김대중은 1971년 대선 당시 "이번에 정권교체를 하지 못하면 앞으로는 선거도 없는 영구집권의 총통제가 실시될 것이다"라고 경고한 바 있다.

8월 30일

1. 지금의 신민당은 아무리 선의로 보아도 이를 희망 있는 정당이라고 보기 어렵다. 역사에 유례없는 균형 국회를 국민이 만들어주었는데 과연 그에 대한 보답이 무엇인가. 대여투쟁, 정책설정, 당내 결속에서 무엇이 제대로 되고 있는가.

   남북대화가 이루어지는 중대 시점에 선거 때 쌓아올린 통일 추진 정당의 이미지를 승화시키기는커녕 오히려 말살시키고 있다. 명분과 이유 없는 그리고 국회 야당, 언론 등 민주주의의 생명줄을 말살시키는 비상사태 해제 투쟁조차 배격하고 있다.

   헐벗고 굶주린 그리고 물가고와 재벌 수탈에 우는 빈민과 중산층의 이익을 위해서 이렇다 할 투쟁도 하지 않고 있다. 이제 이대로 1년을 더 가면 신민당은 존재조차 말살되고 말 것이다.

1972년 9월

"언론의 자유 없는 사회가
얼마나 두려운 일인지는
더 말할 나위가 없다.
그러나 언론이 추락되고
스스로 편견 속에 움직이는 것은
더욱 무섭다."

9월 12일

1. 기자실에서 북한적십자회 대표의 입국 광경을 보았다. 맞이하는 국민이나 들어오는 북한 대표가 다 같이 밝은 표정이다. 27년 동안 분단되었지만 크게 거리감을 느끼지 않는다. 역시 같은 민족이다. 물론 앞으로 수많은 난국이 있겠지만 적십자 회담은 성공하게 될 것이다. 그것은 남북 대화가 결코 남북한 정권의 힘에서 이루어진 것이 아니라 5,000만 민족의 힘과 국제 정세에 의해서 이뤄졌기 때문이다.

9월 17일

＊"정(正)으로 대처하고 계책으로 이긴다."

　－손자(孫子)

9월 22일

1. 언론의 자유 없는 사회가 얼마나 두려운 일인지는 더 말할 나위가 없다. 그러나 언론이 추락되고 스스로 편견 속에 움직이는 것은 더욱 무섭다. 최근의 신문들이 관력(官力)과 금력(金力)에 이용당하면서 전 국민이 경멸하는 유진산* 씨를 편드는 것을 보면 두려움조차 느끼게 된다.

---

* 유진산(1905-74). 독립운동가 출신의 정치인으로서 7선(3-9대) 국회의원을 역임했다. 1970년 1월 신민당 대표가 된 이후 1974년 4월 타계하기 전까지 신민당의 진로에 큰 영향을 주었다. 유진산은 정치 노선과 스타일 등에 있어서 김대중과 대립관계에 있었으며 특히 1971년 5월 8대 총선 공천 과정에서 발생한 소위 '진산파동'으로 인해 두 사람의 관계는 크게 악화되었다.
김대중은 신민당이 박정희 정권에 제대로 저항하는 선명야당, 정책야당이 되기 위해서는 유진산 노선을 극복해야 한다고 판단했다. 두 사람의 갈등은 신민당의 정체성과 노선에 대한 인식 차이에 의해 발생한 것이므로 쉽게 봉합될 수 있는 성격이 아니었다. 그 결과 두 사람의 갈등은 유신이 선포되기 전까지 이어졌다.

＊ 독재·특권·부패에 대해 싸우자, 이기자, 잘살자!

＊ 자유·생활·양심의 삼대보장(三大保障)의 실현.

＊ 5,000만의 희망, 통일의 기수.

9월 26일

1. 유진산 씨가 이렇게 불법 대회를 강행한 것을 보니 공화당이 연말 또는 연초에 무언가 일을 저지를 것 같다. 유진산 씨는 그들의 지령에 의해서 막다른 골목으로 밀려간 것이 틀림없다.

9월 27일

1. 신민당의 사실상의 분당으로 이제 새로운 전기(轉機)에 섰다. 박정희 정권의 정보정치의 농간은 마침내 여기까지 몰고 왔다. 그러나 썩은 고구마가 한 개라도 있으면 며칠 안에 온 가마니가 썩어버리는데 이제 반 이상은 간신히 부패를 면한 상태이므로 하루속히 격리시키는 것이 급선무다.

9월 28일

1. 필리핀의 계엄령은 충격이다. 박정희 씨는 이것을 얼마나 기뻐할까. 아시아의 신생 국가 중 유일하게 민주주의가 토착화되고 있던 나라인데 이와 같은 변이 생기다니. 여러 가지 정치적·사회적 이유가 있겠지만 방금 재선 임기가 끝난 후에도 계속 집권을 위해 내각책임제 개헌까지 추진 중인 페르디난드 마르코스(Ferdinand Marcos) 대통령이 집권 연장을 위해 저지른 것은 틀림없는 듯하다. 그는 공산 분자의 위협을 운운하면서 야당과 언론인들을 체포하고 있으니 양두구육의 난리를 일으키고 있는 것이다. 지난번 태국의 친여 쿠데타가 있었고 이번 필리핀의 계엄령이 겹치니 박정희 씨에게는 더욱 군침이 돌 일만 발생하고 있는 셈이다.

1972년 10월

"나는 이 일기를 단장(斷腸)의
심정으로 쓴다. 그것은 오늘로
우리 조국의 민주주의가
형해(形骸)마저
사라져버렸기 때문이다."

10월 13일 도쿄*

1. 일본은 호놀룰루(Honolulu)에서의 리처드 닉슨(Richard Nixon) 미국 대통령과 다나카 가쿠에이(田中角榮) 일본 총리**와의 회담과 다나카 총리의 중국 방문 및 중국과의 국교 정상화로 경제 대국에서 정치 대국이 되었다. 이제 일본은 아시아의 운명에 중요한 영향을 끼치게 될 것이다. 일본에 가장 중대한 것은 미국이 베트남에서 상징된 바 같은 전후 사반세기(四半世紀)에 걸쳐 범한 도정을 되풀이해서는 안 된다는 것이다. 그것은 미국이 세계 각국에서 국민의 편에 서지 않고 정권의 편에 서서 각국 인민들의 간절한 염원을 짓밟아온 점이다.

미국은 반공만 하면 독재를 하든 부패를 하든 집권자를 옹호해왔다. 일본이 다시 이런 도정을 되풀이하게 되면 일본

---

* 김대중은 1972년 10월 11일 다리 부상 치료차 일본으로 출국해서 19일 귀국할 예정이었다. 하지만 박정희 대통령이 10월 17일 비상계엄령을 선포하자 귀국을 거부하고 망명 투쟁에 나서게 된다.
** 다나카 가쿠에이(1918-93). 일본의 정치인으로서 김대중 1차 망명시기에 총리(1972. 7-1974. 12)를 역임했다.

은 그의 전죄(前罪)가 있는 만큼 각국 인민으로부터 큰 반격을 받게 될 것이며 일본은 아시아와 세계에서 거대한 고아가 되고 말 것이다.

10월 17일 화요일, 맑음(晴) 도쿄

1. 나는 이 일기를 단장(斷腸)의 심정으로 쓴다. 그것은 오늘로 우리 조국의 민주주의가 형해(形骸)마저 사라져버렸기 때문이다. 박정희 정권은 비상계엄을 선포하고 국회를 해산하고 헌법 기능의 일부를 정지시켰다. 금년(今年) 내에 개헌안을 국민투표에 부쳐서 새로운 대통령과 국회의원을 선출한다는 것이다. 참으로 청천벽력의 폭거요, 용서할 수 없는 반민주적 처사다. 지금 본국에서는 나의 사랑하는 동포들이 얼마나 놀라고 분노하고 상심하고 있을까.

2. 오후 1시에 후쿠다 다케오(福田赳夫)* 의원, 3시 30분에 고

---

* 후쿠다 다케오(1905-95). 일본의 정치인이며 농상, 대장상, 외무상 등 주요 직책을 거친 후에 총리(1976. 12-1978. 12)를 역임했다. 후쿠다는 대장상을 하던 1964년에 일본을 방문한 당시 6대 국회의원 김대중을 최서면의 소개로 처음 만났다. 후쿠다는 김대중의 망명 활동이 한·일관계에 부담을 준다고 판단하여 최서면을 통해 박정희 대통령에게 '김대중에게 부통령을 제안해서 김대중의 망명 활동을 중단하도록 협상'하는 구상을 전달하기도 했다. 그러나 최서면을 통해서 후쿠다의 제안을 전해 들은 김대중이 이에 대해서 단호하게 반대하여 더

노 겐조(河野謙三)* 참의원 의장을 만나 한국에서의 민주정치의 발전을 위한 우리의 고충을 설명하고 그들의 깊은 이해를 얻고 돌아오자 최서면** 씨로부터 전화가 와서 7시에 중대 발표가 있는데 내용의 대략이 이렇다는 것이다. 곧이어 『마이니치신문』(毎日新聞)의 이시카와 쇼(石川昌) 외신부 부부장이 와서 『니혼게이자이신문』(日本経済新聞)에 특집으로 나온 사실을 전한다. 나도 그렇지만 이시카와 부부장도 도무지 무엇 때문에 이 시간에 이렇게 하는지 알 수 없다고 묻는다. 나는 결국은 박정희 씨가 말하는 남북통일촉진 운운(云云)은 거짓 명분이고 그의 독재적 영구집권을 위한 것이 분명할 것이라고 말했다. 7시 발표는 이미 예고받은 대로였다.

이상 진전되지 않았다.
* 고노 겐조(1901-83). 일본의 정치인이며 참의원 의장(1971-77)을 역임했다.
** 최서면(1928-2020). 한·일관계 전문가이며 한·일 양국 정계 인사들과의 폭넓은 인맥을 통해 한·일관계에 상당한 영향력을 행사했다. 김대중과는 청년 시절부터 알고 지냈으며 천주교 활동을 통해서 알게 된 장면(張勉)을 김대중에게 소개했다. 최서면은 1957년 일본으로 건너갔으며 김대중은 6-8대 국회의원 시절 일본을 방문했을 때 그를 자주 찾은 것으로 보인다. 최서면은 김대중 1차 망명시기에 자신이 구축한 일본 내 인맥을 김대중에게 적극적으로 소개하는 등 많은 도움을 주었다.

3. 이미 작년 선거 이후 박정희 씨의 영구집권 야욕과 그의 개헌 추진은 짐작해왔지만 우리는 무슨 팔자로 박정희 씨 한 사람 때문에 이토록 괴로움을 받아야 하는지 한탄스럽다. 송원영* 의원도 같이 걱정한다. 나는 이 사태에 대해서 성명을 내기로 결심했다. 서울의 집과 기적적으로 통화가 되었다. 나는 아내에게 본국에 당분간 돌아가지 않을 결심을 암시해주었다. 아내는 침착하다. 고마운 아내다. 나는 그에게 4,000만 원의 부채를 지어주고 왔으니 그가 겪을 고통을 무어라 위로할까. 아무튼 운명대로 사는 수밖에 없겠지. 자기 소신대로 살다가 죽는 거지. 인생만사가 새옹지마인데 결국은 무엇이 행복이 될지 누가 아는가. 나는 조국과 나의 사랑하는 동포를 위해서 싸우다 쓰러진 패자는 될망정 독재와 불의 속에 영화를 누리는 승자의 길은 택하지 않을 것이다. NHK의 야마무로 히데오(山室英男) 해설위원이 한국 사태를 남북 간의 긴장 완화에 있어서의 한 마찰 현상으로 설명하는 것을 보고 분노한 심정을 금치 못했다.

---

* 송원영(1928-95). 장면 내각에서 공보비서관을 했고 5선(7-10, 12대) 국회의원을 역임했다. 7-8대 국회의원을 할 때 김대중과 가깝게 지냈다.

10월 18일 수요일, 맑음 도쿄

1. 여러 조간신문에 크게 보도되었다. 모두 정권 연장을 위한 것으로 해설하고 있다. 미국과 일본 정부의 태도가 궁금하다. 외무성의 미타니(三谷) 씨나 기타 보도를 보면 북한의 태도가 의외로 온건하다고 하며 지난 12일 이후락*·박성철 회담에서 서로 양해가 되었다고도 한다. 만일 그렇다면 김일성 수상도 남한의 국민으로부터 크게 비판받을 것이다.

2. 성명서를 작성해서 배부했다. AP통신과 인터뷰했으며 니혼TV와 인터뷰를 했다. 성명에서 나는 박정희 씨의 독재적 집권 연장을 위한 반민주적 처사를 규탄하고 이는 남한의 민주역량을 키워서 북한과 호각(互角)의 통일을 성취하려는 국민의 열망을 짓밟은 것으로 반드시 국제 여론과 이

---

* 이후락(1924-2009). 박정희 대통령의 최측근 인사이며 1970년 12월부터 1973년 12월까지 중앙정보부장을 지냈다. 1973년 8월 8일 일본 도쿄에서 김대중 납치사건을 일으켰다.

승만 독재정권을 타도한 위대한 한국민의 심판을 받을 것이라고 주장했다.

3. 김종충* 형과 요코다 유이치(橫田祐一) 사장이 우선 호텔비를 정산해주었다. 감사한 일이다. 좋은 벗을 가진 것을 새삼 느낀다. 앞으로 예측할 수 없는 망명 생활을 각오한 터에 마침 돈도 없어서 큰 고통을 겪게 될 것이다.

---

* 김종충. 전남 신안군 하의도에서 태어나 김대중과 보통학교(현재 초등학교)를 함께 다녔다. 김대중보다 나이가 세 살 많았지만 같이 수업을 들으면서 친하게 지냈으며 청년 시절 일본으로 건너갔다. 김대중이 일본에 갈 때마다 연락했을 정도로 가까운 관계였으며 김대중의 망명 생활에 물심양면으로 큰 지원을 한 후원자다. 김대중이 납치된 이후에는 서울에 있는 김대중과 몰래 소통하면서 김대중의 의사를 재일교포와 일본의 지인들에게 전달했다.

10월 19일 목요일, 맑음 도쿄

1. 아침 『아사히신문』(朝日新聞)에 나의 성명 전문이 보도되었다. 『선데이마이니치』(サンデー─毎日)와 『슈칸아사히』(週刊朝日)에서 인터뷰 요청이 있었고 AP통신의 지국장 "하-젠 붓쉬"로부터 프레스클럽(Press Club)에서 연설해달라는 요청이 있었다. 곰곰이 생각하니 이런 일을 하면 나의 신변이 위험해지겠지만 나나 가족의 안전을 위해서 나에게 그토록 성원을 보내준 국민을 배신할 수는 없지 않은가. 더욱이 지금 그들은 이번의 완연한 충격 속에 자기들이 하고 싶은 말을 한마디도 못 하고 있는 기막힌 처지가 아닌가. 떳떳하게 소신껏 나의 경애하는 국민들을 위해 살다 죽을 뿐이다. 일의 성패는 천주님께 맡길 수밖에 없지 않은가.

2. 김종충 형이 와서 본국의 처와 통화한 이야기를 전해준다. 아직 별고는 없는 모양이다. 그러나 그들에게도 점차 무서운 박해가 가해지겠지.

3. 『타임라이프』(*Time-Life*)지의 지국장 대리인 이와마 토시오 (岩間敏男) 씨가 와서 취재해갔다.

4. 각 조간신문의 사설은 모두 박정희 정권의 영구집권 의도를 찌르고 있으나 몇 가지 박정희 씨의 주장을 납득하는 듯한 인상도 있다.

10월 20일 금요일, 맑음 도쿄

1. 오전에 『선데이마이니치』에서 취재해가고 2시에는 『뉴스위크』(*Newsweek*)지 특파원이 구마모토(熊本)에서 장거리 전화로 취재했다. 오후에는 『슈칸아사히』가 취재해갔다. 모두 나의 주장, 즉 이번 조치가 단순히 독재적 영구집권욕에서 나온 것이고 박정희 씨가 내세운 남북통일을 추진하기 위한 것이니, 미·중과 일·중 강대국 간(間) 접근에서 온 불안이니, 헌법이 냉전시대의 산물로서 새로운 사태에 합치하지 않느니, 하는 것이 한낱 근거 없는 구실이라는 점을 잘 납득했다.

2. AP통신하고 연락해서 월요일 연설을 27일까지의 박정희 씨의 헌법개정안을 보고 하기로 합의했다.

3. 밤에 오사카(大阪)에 있는 모모야마가쿠인대학(桃山學院大學)의 마츠기 노부히코(眞継伸彦) 교수, 『주오코론』(中央公論)의 나카이 마리에(中井マリエ) 편집자, 교도통신(共同通信)의 히시키 카즈요시(菱木一美) 기자 등이 와서 송원영 의원과

같이 식사했다. 모두 나의 망명이 불가피할 것이라 하면서 여러 가지 염려를 해주었다. 나도 지금 망명 생활을 각오하고 있으며, 하게 되면 미국으로 갈 예정이다.

10월 21일 토요일, 흐리고 비(曇雨) 도쿄

1. 『타임라이프』지의 미스터 장이 와서 같이 중식을 했다. 그는 퍽 염려해주면서 나에게 중공(中共)과 북베트남을 방문하도록 권한다. 나는 그럴 의사가 전혀 없다고 말했다.

2. 『요미우리신문』(讀賣新聞)의 가와구치(川口) 기자와 성명을 잊은 두 분이 와서 나의 이야기를 듣고 갔다. 그들 역시 나의 설명을 전적으로 이해하고 돌아갔다.

3. 고국의 일과 장래를 생각하면 울적한 심정을 금할 길이 없다. 참으로 복받지 못한 민족이다. 세계에 예(例)가 없이 슬기롭고 착하고 평화적인 민족인데 왜 이토록 계속되는 불행만 겪어야 하는지 비통하다. 한 번만 정권을 잡으면 정말로 바르고 확고한 토대를 잡아야지.

4. 미국에 전화해서 성호* 군과 통화하고 국무성 관계를 알아

---

* 이성호(1931-2016). 이희호 여사의 막냇동생이며 서울대 상

보도록 부탁했다. 일본이 일절 침묵하는 것을 보면 묵인하기로 한 모양이다. 일본인들의 한국 박정희 정권에 대한 지지는 다나카 내각이 되어도 큰 변화가 없는 것인가.

5. 후쿠다 다케오 의원에게 서신 보냄.

> * 주여,
> 우리 조국과 나의 경애하는 동포들을
> 재난에서 구하소서!
> 주여,
> 저의 본국의 가족과 친지들을 돌봐주시고
> 저로 하여금 조국을 위하여
> 뜻대로 일할 수 있도록
> 앞날을 개척해주실 것을 믿나이다.

대를 나와서 미국 에모리대학교에서 유학했다. 1971년에 워싱턴한인회장을 지냈고 유라시아여행사를 운영했다. 워싱턴 D.C. 지역을 중심으로 한 미국 내 인맥을 활용하여 김대중의 망명활동을 물심양면으로 적극 지원했다.

10월 22일 일요일, 흐리고 비 도쿄

1. 아침에 미국에 있는 유기홍* 박사로부터 전화가 왔다. 『뉴욕타임스』(*The New York Times*)와 『워싱턴포스트』(*The Washington Post*)에 나의 성명이 게재되었다고 하며 미국의 여론은 한국의 사태를 너무도 의외이며 실망적으로 보고 있다 한다.

2. 이번 사태에 가장 뜻밖인 것이 북한 측이 미리 내통하고 있는 듯하다는 점이다. 김일성 정권이 지금까지 "인민의 자유"를 부르짖고 남한에서의 민주주의 발전을 주장하던 것이 한낱 거짓이었으며 그들도 박정희와 같은 독재자에 불과한 진면목이 드러난 것이라고 일본의 많은 언론인이 주장한 말이 옳다고 생각된다. 10월 24일 적십자회담을 예정

---

* 유기홍(1940?-90). 미국 아메리칸대학교에서 정치학 박사학위를 받았으며 워싱턴 D.C. 인근에서 인쇄소를 운영했다. 1971년 7대 대선 때 김대중의 특별보좌역으로 활동하는 등 1970년대 초반 김대중의 미국 내 인맥에서 중요한 위치를 차지했다.

대로 할 뿐 아니라 평양과 서울에서 조절위원장 회의도 교대로 하게 되었다고 합의한 것이다. 한국민의 공산주의를 보는 데 커다란 영향을 줄 것이다.

3. 양일동* 씨가 미국에서 일본으로 돌아왔다. 5·16 당시는 3년의 망명 생활을 하던 그였지만 이번에는 2, 3일 내에 귀국한다고 한다.

4. 정일형,** 송원영 등 두 명의 의원이 귀국했다. 나는 송원영

---

* 양일동(1912-80). 독립운동가 출신 정치인으로 5선(3-5, 8, 10대) 국회의원을 역임했다. 유진산과 대립하여 유신 정권 때인 1973년 신민당을 탈당하여 민주통일당을 창당하기도 했다. 양일동은 김대중과 가까운 관계여서 김대중이 일본에 망명했을 당시 여러 번 연락을 주고받았다. 중앙정보부는 두 사람의 관계를 파악하고 회동 가능성을 예의주시하고 있었으며 1973년 8월 8일 김대중이 양일동을 만나기 위해서 도쿄 그랜드팰리스호텔로 찾아온다는 정보를 입수하자 이곳에서 김대중을 납치했다. 납치된 김대중은 미국의 개입으로 죽음의 문턱에서 살아날 수 있었고 납치 5일 만인 13일 동교동 자택으로 강제 귀국하게 되었다.

** 정일형(1904-82). 독립운동가 출신 정치인으로 장면 내각 시절 외무부 장관을 지냈으며 8선(2-9대) 국회의원을 역임했다. 부인 이태영과 함께 김대중·이희호 부부와 매우 각별한 관계였다. 1973년 9월 국회에서 김대중 납치사건이 중앙정보부의 소행이라고 발언하다가 폭행당했고 그 후유증에 의한 합병증

의원에게 여기에 같이 남도록 무척 권했는데 결국 돌아가고 말았다. 이제 혼자 남게 되었다. 앞으로 길고 고된 날들이 계속되겠지.

* 주여,
　우리 조국과 국민을 보살피소서.
　주여,
　저의 가족과 벗들을 지켜주시옵소서.
　그리고 주여,
　저에게 조국을 위해 일할
　용기와 힘을 주시옵소서.

으로 투병하다가 타계했다. 정일형은 와병 중이던 1980년 김대중이 사형당할 위기에 처하자 강원용 목사에게 김대중 구명을 부탁하기도 했다.

10월 23일 월요일, 흐림(曇) 도쿄

1. 아침 신문에 본국에서 박정희 정권이 국민투표법과 선관위법을 개정해서 개헌안 찬반을 거의 봉쇄할 뿐 아니라 야당 참가의 선관위원제를 폐지한 것이 보도되었다. 철저한 일방적 강행이다.

2. 『선데이마이니치』에 "나는 계엄령을 노(怒)한다"는 제하(題下)의 나의 인터뷰 기사가 나왔다. 『슈칸아사히』는 내일 나온다 한다. 두 매체 모두 큰 영향력을 갖고 있고 합쳐서 80만 부 정도 된다고 하니 일본 여론에 크게 기여할 것이다. 박정희 정권은 역시 큰 자극을 받고 무슨 흉계를 꾸미겠지. 그러나 나의 의무를 포기할 수는 없다.

3. 『주오코론』의 오카다 유우지(岡田雄次) 편집차장이 나카이마리에 편집자와 같이 와서 위로도 하고 원고 의탁도 했다. 같이 저녁 식사를 했다.

4. 『슈칸아사히』의 오카이 데루오(岡井輝毅) 부편집장이 사사키(佐佐木) 변호사와 같이 와서 나의 여권과 기타 신변을 걱정해주고 갔다. 여러 가지 알아본 결과 본국에서 취소할 때까지는 일본의 체류가 무기한이다. 일단 안심을 했다.

* 주여,
　우리 조국과 국민에게
　신념과 용기를 주소서.
　주여,
　저에게 조국과 동포를 위해 필요한
　충분한 일을 할 수 있도록 도와주소서.

10월 24일 화요일, 흐리고 맑음 도쿄

1. 오전에 한국연구원을 방문했다. 최서면 씨가 여러 가지 격려해주고 특히 일본인 직원인 칸노(管野) 군과 사토(佐藤) 여사가 나를 적극 지지하여 많은 호의를 표시했다. 11월 1일에 30명 정도의 학자를 모아서 우빈대(于彬大) 기자, 마니라 부장, 이선근 영남대 총장 등이 연설하는데 나에게도 연설을 해달라고 요청해서 수락했다. 친정부 어용학자인 이선근 총장과 같이 이야기하고 싶지 않았지만 일본 지식인들에 대한 영향을 생각해서 수락했다.

2. 『워싱턴포스트』지의 돈 오버도퍼(Don Oberdorfer)* 기자가 인터뷰를 요청하여 같은 회사 야마오카 세이지(山岡淸二) 기자의 통역으로 한국 사정과 나의 소신을 말해주었다.

---

* 돈 오버도퍼(1931-2015). 미국 『워싱턴포스트』 기자이며 한·미 관계 및 한반도 문제 전문가다. 김대중과 가깝게 지냈다. 그가 쓴 『두 개의 한국』(*The Two Koreas*)은 현대 한·미관계사에 관한 기념비적인 저작으로 평가된다.

3. 『슈칸아사히』에도 나의 인터뷰 기사가 크게 나 있다. 어제 『선데이마이니치』의 나의 인터뷰 기사에서와 마찬가지로 박정희 씨의 이번 조치는 결국 정권 연장욕의 소산이라는 사실이 잘 나와 있다.

4. 오늘 남북적십자 평양 회담이 열리고 북한에서도 남한과 보조를 맞추어 헌법 개정을 한다고 한다. 아무래도 남북 간 사태의 배후에 무엇이 있다는 느낌이 드는 것을 금할 길이 없다.

5. TBS-TV의 서울 계엄령 보도를 봤다. 기자 질문에 노(怒)한 표정으로 "계엄령이니까 아무것도 말 못 한다"고 하는 청년 두 명의 표정에서 우리 동포들의 기막힌 심정을 엿볼 수 있었다.

10월 25일 수요일, 흐리고 맑음 도쿄

1. 교도통신의 히시키 카즈요시 기자가 와서 같이 한국의 일과 김지하* 군 관련 일에 대해서 걱정했다.

2. 미국 유기홍 박사로부터 전화가 왔다. 국무부의 도널드 레나드(Donald Ranard)** 한국과장을 만났는데 그는 나의 도미(渡美)를 환영하며 미국 국무부 고위 관계자와의 만남을 약속했다고 한다. 또한 미국은 이번 박정희 씨의 처사를 매우 불쾌하게 보고 있다고 한다. 미국을 얼마나 믿을 수 있을

---

* 김지하(1941-2022). 군사독재 정권 시절 대표적인 저항시인이다. 유신 선포 이후 망명 중인 김대중과 편지를 주고받는 등 김대중과 함께 반독재 민주화운동에 나섰다. 김대중과 김지하는 1970년대 해외에서 한국의 민주주의와 인권투쟁을 대표하는 인물로 알려졌다.
** 도널드 레나드(1927-90). 미국의 외교관이며 김대중 1차 망명시기에 국무부 한국과장이었다. 유신 정권이 김대중의 미국 망명 활동을 방해하고 위협하자 레나드는 한국 정부에 시정을 요구함과 동시에 경고했다. 그리고 김대중이 납치되자 즉각 김대중 구명을 위한 외교 활동에 나섰다. 필립 하비브 주한 미국대사와 함께 납치사건 당시 김대중이 생명을 구하는 데에 핵심적인 역할을 한 인물로 평가된다.

지, 지금까지 너무나 많은 실망이 있었기 때문에 이번에도 직접 만나서 확인하고 그 행동을 보기 전에는 무어라 말할 수가 없다. 다만 박정희 씨가 미국의 선거와 베트남 정전협상의 혼란기를 노린 것만은 사실이다.

3. 『타임』지와 『뉴스위크』지에서 한국 사태를 크게 다뤘다. 그중에 나의 비난 논평도 수록되어 있다.

4. 『워싱턴포스트』지 기자로 있는 미스터 안이 한국을 거쳐와서 내일 아침 만나기로 약속했다. 계엄령하의 한국 사정을 처음 한국인에게 들을 수 있을 것 같다.

* 주여,
나의 경애하는 국민이 독재정권을
타도하고 자유를 회복하도록
도와주시옵소서.
주여,
저의 매일이 더욱 국민을 위해
보람 있도록 도와주시옵소서.

10월 26일 목요일, 도쿄

1. 양일동 씨가 본국으로 돌아갔다. 이제 나 혼자 남았다.

2. 『워싱턴포스트』지 기자인 미스터 안과 아침 식사를 같이 하면서 그가 본국에 다녀온 이야기를 들었다. 외국 기자들의 취재에도 큰 방해가 있는 것 같다. 국민은 표면상 거의 반발이 없다고 한다.

3. 한국에서 정일권 씨, 이병희 씨 등 두 명이 와서 박정희 정권을 위해 해명하고 다니는 중이다.

4. 고노 요헤이(河野洋平)* 의원의 비서인 이시카와 타츠오(石川達男) 씨가 와서 여러 가지 협의하고 돌아갔다. 매우 친절히 도와주려고 열심이다.

---

* 고노 요헤이(1937-). 일본의 정치인이며 중의원(1972-2009)을 지냈다. 관방장관, 외무상, 중의원 의장 등을 역임한 일본 정계 중요 정치인이었으며 고노 겐조 참의원 의장의 조카다. 중도적이고 리버럴한 성향의 정치인으로서 김대중과 가깝게 지냈다. 1993년 관방장관으로 있을 때 일본군 위안부 모집에 있어 일본의 책임을 인정한 소위 '고노 담화'를 발표했다.

10월 27일 금요일, 맑음 도쿄

1. 오늘 박정희 정권은 소위 '헌법개정안'이라는 것을 발표했다. 이미 예견한 대로 박정희 씨의 영구집권을 위한 내용으로 충만되어 있으며 삼권을 완전히 장악한 초(超)독재의 헌법안이다. 이로써 불행히도 내가 작년 선거 당시 "이번에 실패하면 앞으로는 다시 국민의 손에 의한 정권교체의 기회는 없을 것이며 무서운 총통제의 시대가 올 것이다"라고 한 그대로가 되고 말았다.

2. 우리 민족은 그 역사를 보더라도 가장 평화적이고 선의의 민족인데 왜 이토록 불행하고 슬픈 역사만 되풀이해야 하는지 비통하기 그지없다. 오늘의 발표를 보고 그들은 얼마나 놀라고 분(憤)해할까. 내가 어찌 이 국민을 두고 목숨을 아끼겠는가.

3. 개헌안을 통박(痛駁)하는 성명서를 발표하고 TBS-TV(밤 11:00)에 10분간의 나의 견해 발표를 위해서 호텔 방에서 녹화했다. AP, UPI, 로이터(Reuters) 등 외신 전체와 일본의

각 언론기관이 취재했다. 이렇게 나는 박정희 씨의 독재를 비판하는 한국 국민의 유일한 목소리를 세계를 향해 보내고 있는 것이다.

4. 내 주변 사람들이 나의 신변안전에 대해서 걱정하고 있으나 무슨 도리가 있겠는가. 죽고 사는 것을 천주님께 맡기고 나의 신념대로 나갈 뿐이다.

5. 요코다 사장이 나의 신변안전을 걱정하여 다이마루(大丸) 군을 붙여주었다. 일본인 벗의 친절에 감사했다.

* 주여,
　불행한 우리 국민을 돌보시옵소서.
　주여,
　저에게 힘과 지혜와 용기를 주시어
　국민이 기대한 대로 일하게 해주시옵소서.

10월 28일 토요일, 도쿄

1. 낮에 고노 요헤이 의원의 비서 이시카와 타츠오 씨의 안내로 아오키 마사오(青木正夫) 외무정무차관을 만나서 한국 사정에 대해서 이야기했다. 나의 의견에 공명한 바가 많은 것 같다.

2. 지지통신(時事通信)의 전 주한 특파원인 오오야 쇼고(大屋所吾) 기자가 신임 니시와키 후미아키(西脇文昭) 기자와 같이 와서 한국 사정을 중심으로 취재해갔다. 그들에게 많은 이해를 주었다.

3. 밤에 TBS-TV의 키타다이 준지(北代淳二) 외보부(外報部) 부부장 댁에 초대되어서 자리를 함께한 미국대사관 공보부장 할런 로사커(Harlan F. Rosacker), 『볼티모어선』(*The Baltimore Sun*)지의 토머스 페퍼(Thomas Pepper), 국제기독교대학의 준(準)교수 존 코돈(John Cordon)과 같은 대학의 홀러웨이 브라운(Holloway Brown) 그리고 『워싱턴포스트』지의 야마오카 세이지 기자 등과 서로 이야기를 나눈 후에 돌아

왔다. 키타다이 부부장의 부인이 퍽 친절해서 고마웠다.

10월 29일 일요일, 흐림 도쿄

1. 오전에 웨스팅하우스 방송사(Westinghouse Broadcasting Co.)와 『시카고데일리뉴스』(*Chicago Daily News*)의 존 게벤(John C. Geven) 기자가 와서 취재해갔다. 『타임』지의 미스터 장이 통역을 해주었다.

2. 종일 호텔에 있다가 저녁때 김종충 형과 식사를 같이 했다. 김 형이 다시 호텔비를 전부 정산해주었다. 나도 언제쯤 이런 친구의 은혜를 떳떳이 갚을 수 있을까.

3. 어제저녁에 김 형이 본국의 집에 전화하여 나도 잠깐 아내와 통화했다. 아직 별일은 없는 모양이나 아내의 목소리가 매우 힘이 없다. 도청을 당하고 있기 때문에 시원하게 이야기할 수도 없고 오히려 안 하느니만 못하다.

* 세상은 인간의 지혜로는 측량할 수 없다.
내일은 결코 오늘이 아니다.
변화가 있기 마련이다.
그 변화를 참고 기다리며 꾸준히 노력하자.

10월 30일 월요일, 맑음 도쿄

1. 일본 중의원에서 다나카 총리에게 사회당, 공명당, 자민당 대표가 질문하고 총리가 답변하는 광경을 TV 중계로 시청했다. 퍽 참고가 되었다. 공명당의 질문이 제일 우수했고 다나카 총리의 답변 태도는 종래의 사토 에이사쿠(佐藤栄作) 총리와 달리 무척 명쾌했다. 질문과 답변이 결코 놀라운 수준도 아닌데 우리의 현실과는 천양지차이니 참으로 부럽고 한스럽다.

2. 『마이니치신문』의 이시카와 쇼 부부장이 와서 나의 자서전적 정치 역정을 단행본으로 내기 위하여 목차를 협의했다. 제목은 『무궁화여 영원히』로 하기로 합의했다.

3. 고노 겐조 참의원 의장의 초대로 사회당의 모리 모토지로(森元治郎), 하뉴 산시치(羽生三七), 덴 히데오(田英夫)* 의원

---

* 덴 히데오(1923-2009). 일본의 정치인이며 참의원(1971-2007)으로 활동했다. 중도좌파 성향의 정치인으로서 사회당과 사

등과 식사를 같이 했다. 그들은 나의 주장에 많은 공명을 했으며 특히 내가 아시아에서 공산주의도 반대하고 군사독재도 반대하는 민주 인민에 대한 일본인들의 배려가 전혀 없다는 사실을 지적하자 크게 쇼크를 받은 것 같다. 다만 놀라운 것은 그들은 한국에서 국회가 해산된 사실조차 모르고 있었다.

＊주여,
　저는 조국의 참모습과 국민의 고충을
　세계의 민주 인민들에게 알려
　오늘의 우리 국민의 불행을
　하루속히 회복하고자 최선을 다하고 있습니다.
　저를 살피고 도와주시옵소서.

회민주연합 등에서 활동했다. 반전평화운동에 헌신한 일본의 대표적인 정치인으로 평가받으며 김대중과 가깝게 지냈다. 김대중 납치사건 진상규명운동에도 적극 나섰다.

10월 31일 화요일, 맑음 도쿄

1. 아침에 한·일 방공(防共)청년동맹이사장 임상청 씨가 나를 만나기 위해 찾아와서 진정한 반공의 길에 대해 의견을 교환했다.

2. 한국연구원에 가서 최서면 원장과 이야기했다. 최 원장은 2, 3일 전 한국에 다녀왔는데 전차가 신민당과 대학교 등을 점거하고 있는 모습 등에 대해서 설명했다. 그는 한국의 장래를 무척 비관해서 보고 있는데 과연 많은 난관이 있는 것은 사실이다.

3. 내일 '아시아의 장래를 생각하는 9개국 위원회 특별회의'에서 연설할 요지를 작성했다.

4. 단행본 목차를 작성했다.

5. 『주오코론』 기고를 작년 전부터 부탁받고 이루지 못했는데 이번에는 이행하기로 했다.

1972년 11월

"용기 없는 백성은 노예가 될 뿐이다. 더욱이 알면서 행동할 용기가 없으면 가장 고통스러운 노예가 될 뿐이다."

11월 1일 수요일, 맑다가 흐림(晴曇) 도쿄

1. 오전에 '아시아의 장래를 생각하는 9개국 위원회 특별회의'가 게이단렌(經團連) 회관에서 열렸는데 나는 홍콩(香港)의 저우징원(周鯨文)과 더불어 "한국의 최근 정치정세"라는 제목으로 초청 연사 연설을 했다.

   회의에는 키우치 노부타네(木內信胤)* 회장, 최서면 사무총장, 오하타 토쿠시로(大畑篤四郞) 와세다대학(早稻田大學) 교수, 고타니 히데지로(小谷秀二郞) 교토산교대학(京都産業大學) 교수, 미요시 오사무(三好修) 『마이니치신문』 편집고문, 이원식 교토산교대학 객원교수, 야지마 킨지(矢島鈞次) 도쿄코교대학(東京工業大學) 교수 등 20여 명이 참석했는데 나의 연설에 이구동성으로 큰 감명을 표시했다. 내가 판단하기에도 무척 만족스러웠다. 다만 가네야마 마사히데(金山政英)** 전 주한대사만이 박정희 정권의 편을 들었으나 별 효

---

* 키우치 노부타네(1899-1993). 일본의 경제평론가다.
** 가네야마 마사히데(1909-97). 주한 일본대사(1968-72)를 역임했으며 최서면과 가깝게 지냈다.

과는 없었다고 본다.

2. 호텔을 데이코쿠(帝国)호텔에서 신주쿠(新宿)의 게이오플라자(京王プラザ)호텔로 옮겼다.

3. 나의 지금 노력이 과연 어느 정도의 효과를 나타내고 있을까. 어떻게 보면 큰 것도 같고 어떻게 보면 결정적인 수준에는 이르지 못한 것 같아 한심하다.

11월 2일 목요일, 맑다가 흐림 도쿄

1. 아침 최서면 씨의 전화에 의하면 어제 9개국 위원회에서의 나의 연설은 참석한 사람들에게 큰 감동을 주었으며 마치 나를 위한 회합 같았다고 한다.

2. 덴 히데오 참의원이 와서 『슈칸포스트』(週刊ポスト)를 위한 취재를 해갔다.

3. 저녁 식사를 재일기독교회 총무 이인하 목사, 최경식 목사, 세계학생기독교연맹 아시아사무국장 강문규* 씨 그리고 한국에서 온 오재식,** 신익호, 이종민 목사 들과 함께 이인

---

* 강문규(1931-2013). 1965년 세계학생기독교연맹(WSCF) 부장을 시작으로 1975년에는 한국기독학생총연맹(KSCF) 이사장을 맡는 등 기독교청년운동에서 중심적인 역할을 했으며 한국YMCA전국연맹 사무총장(1974-95)을 지내는 등 시민운동에도 큰 역할을 했다.
** 오재식(1933-2013). 기독교 사회운동가로서 한국 에큐메니컬(교회일치·연합) 운동의 대부로 불린다. 김대중 1차 망명시기에는 일본 도쿄에 있는 아시아기독교협의회(CCA) 도시산업선교부 부장(1971-81)으로 있었다.

하* 총무의 비서인 캐나다 여인 댁에서 했다. 같이 고국의 일을 걱정하고 서로 격려했다.

4. 『마이니치신문』의 이시카와 부부장과 『무궁화여 영원히』 단행본 출판 건으로 협의했다. 암담하다. 모든 정세가 우선은 박정희 씨에게 유리하다. 미국은 선거와 베트남 문제 때문에 정신이 없으며 일본도 선거에 열중하고 있다. 거기에다 각 신문은 지난번 『요미우리신문』 서울 특파원 추방 이래 위축되어 있다. 북한은 박정희 정권과의 대화를 적극적으로 추진하며 내용적으로 상당히 타협이 된 것 같다. 각국의 대중매체는 베트남 문제에 집중하고 있으며 한국의 독재화는 아시아에서 성행하는 하나의 유행병 정도로 인식할 뿐이다. 이러한 불리한 사태들을 주시해야 한다. 사태 파악을 정확하게 해야만 바른 타개책 등을 발견할 수 있을 것이다.

---

* 이인하(1925-2008). 목사이며 재일 인권운동가로서 재일교포 및 소수자의 인권 보호를 위해서 헌신했다.

11월 3일 금요일, 흐리고 비 도쿄

1. 『슈칸포스트』 원고를 가지고 와서 보여주기에 약간 정정했다. 내주(來週) 월요일에 나온다고 한다.

2. 남북조절위원장 회의가 어제부터 평양에서 열리고 있다. 남쪽에서는 장기영 씨, 최규하 씨 등이 수행했다고 한다. 박정희 정권은 비밀리에 무슨 짓을 하고 있으며 또 앞으로 어떻게 할 작정인가. 국민은 전혀 간여조차 못 하고 있으니 통일은 국민의 통일인지 정권의 통일인지 알 수가 없다. 북한이 박정희 씨와 손발을 잘 맞춰가는 것은 참 흥미로운 일이다.

3. 도쿄민단(자주파) 기관지에서 한국 사태에 대해서 취재해갔다. 편집장 이기재 씨가 왔다.

4. 도쿄에 와서 처음으로 양준용* 씨를 만났다. 최근 북한이 박정희 정권에 접근하는 이유에 대해 분석했는데 퍽 정확히 보고 있는 것 같았다.

---

* 양준용. 젊었을 때인 1960년대 『경향신문』 기자로 활동하면서 야당 대변인을 하던 김대중과 가깝게 지냈다. 1969년에 일본으로 건너간 것으로 판단되는데 3선 개헌 등 박정희 정권의 독재정치에 비판적인 의견을 개진하다가 사실상 추방당한 것이라는 의견이 있다. 일본에서는 와세다대학에서 국제정치학으로 박사학위를 취득했다.

11월 4일 토요일, 흐리고 비 도쿄

1. 오후에 한국연구원에 가서 최서면 형과 이야기했다. 지난 1일에 있었던 9개국 위원회 특별회의에 참석한 고타니 히데지로 교토산교대학 교수와 쿠와하라 기니(桑原機二) 종합연구소 중국부장 등이 나의 주장을 다나카 총리 등 정부 측과의 회합에서 전했다고 한다. 그날 강연이 예상 이상의 큰 성과를 올린 것은 사실이다. 그러나 미국보다도 더 그때의 정권과 일방적으로 밀착하는 일본 정부나 일본인에게 과연 어느 정도의 효과가 있겠는가.

2. 이북(以北)에 간 남북조절위원회의 대표가 김일성 수상과 만났으며 이후락 씨는 한 시간의 밀담까지 했다는 보도다. 박정희 정권의 입장은 더욱 좋아지고 국내에서의 독재는 더욱 엄호되겠지. 북한 측에서도 물론 그 점을 십분 감안하고 취한 조치인 것이다. 국민들은 지금 너무도 급속한 남북의 밀착에 당황하고 있을 것이 훤히 예견된다.

＊주여!
우리 국민에 대한 너무도 길고
가혹한 시련을 거두고
그들에게도 자유와 행복을 주시옵소서.
주여,
한국의 동포들이 자기의 자유를 쟁취하기
위하여 더욱 용감히 일어설 수 있는
그리고 성공할 수 있는 힘과 기회를 주시옵소서.

11월 5일 일요일, 맑고 흐림 도쿄

1. 오후 4시경 『마이니치신문』의 이시카와 쇼 부부장이 타와라(田原) 양과 같이 와서 단행본 출판을 위한 녹음에 착수했다. 생각했던 것보다 시간이 걸리고 거창하다. 이시카와 부부장은 상·하 두 권으로 해야 할지 모르겠다고 한다.

2. 저녁에 김종충 형 댁에서 요코다 유이치 사장, 이시카와 부부장, 타와라 양 등과 같이 식사를 하면서 나의 신상에 대해서 언급했다. 나는 미국에 갔다 연말경에 돌아오면 모든 사정을 충분히 감안하겠지만 1월경에는 한국으로 돌아가겠다는 나의 결심을 피력했다. 물론 한국에 가도 나를 기다리는 것은 박해뿐이겠지만 나는 국민의 곁으로 가겠다. 또한 멀리 있으니 국민이 그립다.

3. 사람들은 모두 나보고 운이 강하다 한다. 7회나 투옥당하고 두 번 구사일생을 했으며 3회의 자동차 전복사고에서도 이렇다 할 상처조차 입지 않았다. 따라서 앞으로도 꼭 다시 일어날 것이라고. 두고 보아야지.

11월 6일 월요일, 맑고 흐림 도쿄

1. 아침에 오사카의 모모야마가쿠인대학의 마츠기 노부히코 조교수가 찾아와서 나의 신변을 걱정하고 협력을 위해 여러 가지 계획하고 있는 사실을 말했다. 후의에 감사하면서 그 필요가 생기면 연락하기로 했다. 마츠기 씨는 오다 마코토(小田実)* 씨의 "베평련"** 계통으로 공산당도 자민당도 그리고 기성의 모든 정당을 반대하는 입장이다. 그러나 그들 자신의 비전은 뚜렷이 없는 20세기 후반을 상징하는 반전파(反戰派)라고 할까.

---

* 오다 마코토(1932-2007). 베트남전 반대운동을 주도한 일본의 작가이자 반전평화운동가다. 한·일 연대활동으로 김대중 구명운동과 김지하 석방운동 등에 적극적으로 참여했다. 김대중 1차 망명시기에는 김대중과 1973년 8월 10일에 만나기로 했으나 만남 이틀 전인 8월 8일 김대중 납치사건이 발생하여 만날 수 없었다. 두 사람의 실제 회동은 1992년에 성사되었다.
** 베트남에 평화를! 시민연맹(ベトナムに平和を! 市民連合).

2. 오늘의 일본은 사고가 중첩했다. 일본항공(JAL)기 국내선의 납치. 그리하여 국외선기로 갈아타고 200만 달러를 받아서 쿠바로 도주하려던 범인의 체포사건. 호쿠리쿠(北陸) 터널에서 급행열차 화재 사건으로 28명 사망, 120명 중상의 참사. 홋카이도(北海道) 탄광의 매몰사건이 발생 3일이 되어도 아직도 사고 지점을 찾지 못한 사건.

3. 오전 오후에 걸쳐 단행본을 위한 녹음 계속. 겨우 3분의 1을 끝냈다.

4. 『타임』지의 미스터 장의 안내로 자민당의 우쓰노미야 도쿠마(宇都宮德馬)* 의원을 만났다. 그는 과거 우리가 생각했던 것보다 훨씬 더 한국에 관심이 컸다. 나의 의견에 적극 공명하면서 일본의 책임을 통감하고 시정해야 한다고 주장

---

* 우쓰노미야 도쿠마(1906-2000). 일본 자민당 내 진보적인 성향의 의원 모임인 아시아·아프리카연구회 창설을 주도한 정치인이다. 아시아에서의 탈냉전 데탕트 분위기에 부응하여 일본과 중국 사이의 우호관계 수립에 앞장섰다. 김대중을 처음 만난 이후부터 김대중을 적극 지지했다. 그는 1973년 8월 8일 김대중 납치사건 직후인 2시경 이 소식을 듣자마자 바로 일본 정부에 알려서 김대중의 목숨을 구하는 데 큰 역할을 했다.

했다. 매우 겸손하고 크게 앞날을 내다보는 인물이다. 미국에서 돌아오면 꼭 자기가 속한 AA연(研)*에서 연설해달라고 부탁했다.

5. 미국에 있는 이성호 군 댁에 전화하여 이번 주에 도미(渡美)할 예정임을 알리고 유기홍 박사로 하여금 도쿄에 전화해주도록 부탁했다.

* 모든 고생은 살아 있기 때문에 한다.
  오늘 기차에서 죽은 사람을 보면
  어떤 고생도 행복하지 않으냐.

---

* 아시아·아프리카연구회의 약칭. AA연은 1965년에 자민당 내에 조직된 모임으로서 기존의 보수적인 외교 노선에서 탈피하여 중국과의 관계 개선 등을 주장하는 자민당 내 진보적인 성향의 모임이다.

11월 7일 화요일

1. 『무궁화여 영원히』 단행본을 위한 녹음을 계속했다. 겨우 3분의 1을 넘겼다.

2. 윤재수 씨가 와서 같이 중식을 했다. 본국의 일을 매우 걱정하면서 미국에서 돌아온 후 필요하면 연락을 위해서 한국에 다녀오겠다고 한다. 퍽 감사했다. 중식당에서 이욱재 씨를 만났다. 김영삼 의원이 뉴오타니호텔(New Otani Hotel)에 있다고 한다. 연락을 부탁했더니 아무도 안 만난다는 이야기다. 해외에 있으면서 이런 기회에 같이 합심해서 조국의 민주주의를 위해 싸우면 좋을 텐데.

3. 밤에 무사시 마사미치(武藏正道)* 사장과 식사를 같이 했다. 나의 신상을 퍽 생각하고 앞으로 일본 체재비를 전담하겠

---

* 무사시 마사미치. 후쿠다 다케오의 후원자이며 최서면의 소개로 김대중을 알게 된 후 가깝게 지냈다. 망명시기 김대중의 활동을 후원했다.

다고 제의해주었다. 참으로 고마운 우인(友人)이다. 일본에 있는 교포보다 얼마나 고마운 일인가.

4. 조활준* 씨 소개로 알고 있던 이준옥 사장을 만났다. 정치에 대한 높은 식견에 감복했다. 비용으로 약간을 도와주었다.

5. 본국의 아내로부터 누마다(沼田)** 씨 앞의 형식으로 편지가 왔다. 집은 외인의 출입금지로 고통이 많은 것 같다. 정치하면서 나처럼 가족에게 고생을 많이 시킨 사람도 없을 것이다. 지금 대한민국뿐 아니라 남북 5,000만 중에서 박정희 씨의 독재에 반대하고 있는 사람이 나 이외에는 없으니 나의 가족이 고생하는 것은 어쩔 수 없는 일이다. 이런 고생을 우리 후손에게 넘기지 않기 위해서 내 가족이 자신들에게 닥친 고난을 인내할 수 있기를 마음속으로 빌었다.

---

* 조활준. 1930년생으로 와세다대학을 나왔으며 1969년 양준용의 소개로 김대중을 알게 되었다. 도쿄 민단본부 산하 아라카와구 단장을 했으며 민족통일협의회 부의장을 역임했다. 김대중 1차 망명시기 때 수석 비서 역할을 하여 김대중이 한국민주회복통일촉진국민회의(약칭 한민통) 일본본부를 구상할 때 민단 민주화운동가들과 김대중 사이의 가교 역할을 했다.
** 김종충의 일본어 이름.

✻ 주여,
불안과 초조 속에 있는 저의 가족에게
위로와 격려를 주시옵소서.

11월 8일 수요일, 맑음 도쿄

1. 아침 8시 반에 미키 다케오(三木武夫)* 부총리 댁을 방문했다. 약 40분간 한국 사정과 일본의 대한(對韓) 자세에 대해서 이야기했다. 퍽 두뇌가 명석해서 요점을 잘 지적해 묻는다. 그러나 내가 보수정당의 진보파 정치인으로서 미키 부총리에게 기대했던 자세나 경륜은 듣지 못했다.

2. 단행본 관계 녹음을 계속했다. 28개 항 중 16개를 끝냈다.

3. 밤에는 『아사히신문』 오모리(大森) 부주간 초대로 긴자(銀座)의 '긴사료'(銀茶寮)에서 식사를 했다. 이미 알고 있는 모리 쿄조(森恭三) 논설고문, 노가미(野上) 논설위원 그리고 이마즈 히로시(今津弘), 오오키(大木), 쥰다(準田), 미요시(三好) 논설위원 등이 출석해서 나의 이야기를 듣고 충분한 이해와 공명을 표하면서 앞으로 협력할 뜻을 밝혔다.

---

* 미키 다케오(1907-88). 일본의 정치인이며 총리(1974. 12-1976. 12)를 역임했다. 중도 성향의 정치가로 평가받는다.

11월 9일 목요일, 맑음 도쿄

1. 아침에 얼마 전까지 한국에 근무했으며 지금은 ○○대학교의 교수로 있는 카가 오사무(加賀收) 씨가 와서 식사를 같이 했다. 특별한 관심을 베풀고 자기 가처(家處) 또는 지방 여행에 청(請)해주었다.

2. 한국연구원에 가서 최서면 원장 그리고 가네야마 전 주한 대사가 지난 2일 한국에 가서 박정희 대통령을 만나 나의 이야기를 하고 왔다면서 앞으로 내가 귀국하게 될 경우 나의 신변에 대해서 걱정하고 신변안전 보증 방법에 대해 이야기했다. 나는 설사 귀국 즉시 투옥되는 한이 있어도 결코 정부와 내통해서 안전을 취하지 않겠다는 나의 결심을 말했다. 무사시 마사미치 사장이 와서 미국 가는 데에 약간의 여비를 보태주었다.

3. 내일 프레스클럽 연설을 위해 『타임』지의 미스터 장 소개로 통역과 영문 번역을 맡겼다. 200자 원고지 15매에 4만 엔이다.

4. 김종충 형이 알선해서 지난 7월에 썼던 300만 원은 사정이 이래서 우선 50만 원을 지불했다. 나머지는 김 형과 요코다 유이치 사장이 책임지기로 했다고 한다. 감사하기 그지없다.

5. 아내로부터 김 형 앞으로 온 편지를 읽었다. 당분간 들어오지 말고 희망을 잃지 말고 몸조심해달라는 부탁이다.

11월 10일 금요일, 도쿄

1. 프레스클럽 연설문의 복사본을 한국연구원의 사토(佐藤) 양과 직원들이 적극 도와주어서 겨우 시간에 맞춰 배부할 수 있었다.

2. 히가시(東) AP통신의 부지국장이 내 연설의 통역을 해주었는데 크게 성공한 것 같다. 참석자도 매우 많았고 질문이 한 시간 반이나 계속될 정도로 관심이 컸다. 가장 뼈아픈 것은 『남독일신문』(南獨逸新聞, Süddeutsche Zeitung)의 게브하르트 힐셔(Gebhard Hielscher) 기자가 "이번 헌법 개정으로 북한이나 남한이나 같은 체제가 되었는데 통일은 이제 문제가 될 것 없지 않습니까?"라는 내용의 질문이었다. 나의 신변을 걱정하는 질문이 많았으며 이 일로 아주 피곤했다. 아직도 단행본 일과 『주오코론』 원고가 남아 있다.

3. 『마이니치신문』의 이시카와 쇼 부부장 안내로 마쓰모토(松本) 논설위원과 영문 『마이니치』의 기자가 와서 한국 사정에 대해서 설명했다. 마쓰모토 논설위원은 5·16 당시 한국

에 있었고 박정희 씨의 군사쿠데타를 비난하는 책을 낸 분이다. 그는 이시카와 부부장에게 내가 설명한 내용이 크게 참고가 되었다고 반복해서 이야기했다.

지금 조국에서 벌어지고 있는 일을 생각하면 내가 하고 있는 일이 과연 어느 만큼의 힘이 되는지도 의심된다. 그러나 그동안 일본과 세계의 여론에 준 성과가 상당한 듯하다. 설사 효과가 작더라도 내가 할 수 있는 최선을 아니 할 수는 없지 않겠는가.

11월 11일 토요일, 도쿄

1. 오전 오후에 걸쳐서 호텔에서 타와라 양 상대로 단행본 관련 녹음을 했다.

2. 낮에 『타임라이프』지의 미스터 장 부부가 와서 같이 중식을 했다. 미스터 장이 『타임』지 본사와 워싱턴(Washington) 지국에 소개해주고 통역에 적합한 인사도 소개해주었다.

3. 처음으로 본국의 아내에게 엽서를 보냈다. 과연 이거나마 갈지 의문이다.

11월 12일 일요일, 도쿄

1. 『주오코론』 원고 작성을 밤늦게까지 해서 끝냈다. 200자 원고지 50매 "도미노 독재와 한국 그리고 일본"이라는 제목으로 썼다.

2. 『아사히신문』 오모리 부주간, TBS-TV의 키타다이 외보부 부부장, 『마이니치신문』의 이시카와 외신부 부부장 등이 각기 미국에 있는 특파원들에게 소개 편지를 써주었다.

11월 13일 월요일, 도쿄 → 워싱턴 D.C.(Washington D.C.)

1. 오후 4시 도쿄를 떠나서 오후 8시 반에 덜레스(Dulles) 비행장에 도착했다. 시차 14시간 합해서 18시간 반 걸린 셈이다. 도중 샌프란시스코(San Francisco)에서 네 시간 기다렸다. 뜻밖에도 비행기에서 김중태* 군을 만났다. 일본항공에 근무하는 미스터 권이란 청년이 여러 가지 편의를 도모해주었다. 워싱턴 공항에는 이성호 군 내외, 유기홍 씨, 문명자** 씨, 권오기*** 씨 등이 나와서 맞이해주었다.

---

* 김중태(1940-2025). 1964년 6·3 학생운동을 주도했다.
** 문명자(1930-2008). 언론인이며 미국 이름은 줄리 문(Julie Moon)이다. 1961년 『조선일보』 워싱턴 특파원으로 부임한 이래 『동아일보』와 『경향신문』 워싱턴 특파원을 지냈으며 김대중 1차 망명시기에는 MBC 특파원으로 있었다. 김대중의 망명 활동을 지원했고 1973년 김대중 납치사건 관련 보도 등으로 신변에 위협을 느껴서 그해 11월 미국에 망명을 신청했다. 1974년에 통신사 유에스아시안뉴스를 설립하여 왕성한 활동을 펼치는 등 재미 한인 언론인으로서 가장 성공한 인물로 평가받는다.
*** 권오기(1932-2011). 언론인이며 『동아일보』 편집국장, 주필, 사장 등을 역임했다. 김대중 1차 망명시기에는 『동아일보』 워싱턴 특파원으로 있었다.

2. 일본에서 출발할 때에는 이시카와 부부장, 나카이 편집자, 요코다 사장, 다이마루 군, 김종충 씨 등이 환송해주었다. 그동안 일본 벗들의 진심 어린 도움을 받아서 감사하기 그지없다.

3. 숙소는 전에도 이용했던 메이플라워호텔(Mayflower Hotel)에 투숙했다.

11월 14일 화요일, 워싱턴 D.C.

1. 몸이 극도로 피곤해서 종일 방에서 잤다. 오후에 유기홍 박사, 이성호 군, 정기용* 군 등이 찾아와서 여러 가지 환담했다.

2. 『칭기즈칸전』을 읽었다. 그가 갖은 고난 속에서도 굴하지 않고 대(大)몽골 통일을 위하여 싸워나간 철의 의지와 새로운 시대조류를 앞서 파악해서 자기를 적응시켜 나가는 지혜에 깊이 감복했다. 특히 지도자의 품성으로 공자가 말씀한 "가까이 있는 사람이 기뻐하면 멀리 있는 사람이 찾아온다"는 말이 같은 책자에 인용되어 있는데, 여러 번 음미할 구절이다.

---

* 정기용(1940-). 동국대 재학 중 6·3 시위를 주도했으며 그 이후 미국으로 건너갔다. 그는 1970년 미국에서 반독재 민주화 신문인 『한민신보』를 창간하여 1984년까지 250호를 발행했다. 김대중이 신민당 대선 후보로서 미국을 방문했을 때(1971. 1. 25-1971. 2. 5) 김대중의 처남 이성호의 소개로 처음 만났다.

* 주여!
　우리나라를 살피시고
　저에게 용기와 지혜와
　성공의 길을 주소서.

11월 15일 수요일, 워싱턴 D.C.

1. 성호 군 소개로 강 박사*를 만났다. 강 박사는 이번 반(反)박정희 데모를 주도한 사람 중의 한 명이며 영문학 박사다. 앞으로 미국 체류 기간 중에 통역을 부탁할 예정이다.

2. 유기홍 박사와 앞으로의 계획에 대해서 협의하고 그의 활동비를 약간 지급했다. 미세스 유의 적극적인 자세에 감동받았다. 같은 국무부 미국의 소리(VOA)에 근무하는 스페인과 부과장인 미스터 메디안(Median)을 통해 나의 일을 돕기 위하여 노력 중인 모양이다.

3. 성호 군 집에서 강·유 박사 내외들과 같이 저녁 식사를 했다.

---

* 강영채. 1934년에 태어났으며 영문학 박사다. 1973년 3월 미국에서 발간된 『자유공화국』의 편집을 맡았으며 1970년대 중반에 한민통 미국본부의 사무총장을 맡기도 했다.

4. 뉴욕(New York) 부근에 사는 임창영* 박사, 구삼열 씨 댁에 전화해서 통화하고 금주 말에 가서 만나기로 했다.

---

* 임창영(1909-96). 장면 내각 때 유엔대사를 지냈으며 5·16 쿠데타 직후 사임하고 뉴욕주립대학교 교수(1961-78)로 활동했다. 통일을 최우선적 가치로 판단하여 선통일-후민주 노선을 내세웠으며 해외 한인운동 내 선통일-후민주 노선의 대표적인 인물로 평가받는다. 반독재 민주화를 지향했기 때문에 유신 직후에는 김대중과 함께 활동했지만 김대중이 선민주-후통일 노선을 확고하게 내세우자 점차적으로 갈등을 빚었고, 결국 1970년대 중반부터 따로 활동하게 된다.

11월 16일 목요일, 워싱턴 D.C.

1. 일본의 나카이 『주오코론』 편집자로부터 우정에 넘치는 편지를 받았다.

2. 저녁에 유 박사 내외와 같이 미스터 메디안과 그의 비서 미스 루버(Luber)를 만났다. 나의 일에 도움이 될 여러 의견을 교환했다. 미스터 메디안은 푸에르토리코 사람으로 퍽 쾌활하고 순박하다. 미스 루버는 우크라이나인으로 수 개 국어를 하는 똑똑한 여자다. 만나서 유익했다.

11월 17일 금요일, 워싱턴 D.C.

1. 꿈에 국민들이 찾아와서 억울한 사정을 호소하는 광경과 또 4·19 같은 혁명이 났는데 야당을 규탄하면서 나만을 옹위하는 시위군중의 광경을 꿈꾸었다. 평소 꿈을 꾸지 않고 꾸어도 깨면 잊어버리는데 오늘따라 선명하다. 마음이 착잡하다.

2. 아침에 조세형* 씨가 와서 식사를 같이 하면서 이야기했다. 그의 의견이 여러 가지 참고가 되었다. 여하튼 지금은 마음에 여유를 가지고 길게 내다보는 것 외에 도리가 없다. 박정희 정권은 지금 한참 기호지세로 밀고 나가고 있으며 미국과 일본 두 국가는 방관하고 있으며 북한은 협조하고 있으니 내가 아무리 초조해도 별도리가 없다. 그러나 독재정

---

* 조세형(1931-2009). 언론인 출신 정치인이다. 김대중 1차 망명시기 『한국일보』 워싱턴 특파원으로 있었다. 1978년 10대 총선에서 신민당 후보로 당선되었고 13-15대 총선에서 당선되어 4선 국회의원을 역임했다. 김대중을 도와 정권교체에 기여했다.

권은 꼭 자체모순 속에서 생각지 못한 시기에 생각지 못한 방법으로 사고가 터지고 마는 법이다. 답답할 때는 역사를 읽자! 거기에는 무한의 교훈이 숨어 있다.

3. 낮에 일본 TBS-TV 마쓰모토 아키라(松本明) 기자와 같이 '도쿄'(東京)에서 중식을 하면서 이야기했다. 도쿄 TBS-TV 본사의 키타다이 외보부 부부장으로부터 부탁이 와 있었다.

4. 오후에 AP통신의 스펜서 데이비스(Spensor Davis)가 와서 인터뷰했다. 과거부터 잘 아는 사이며 개인적으로도 나에게 동정을 표하면서 의회〇〇의 접촉을 도와주기로 했다.

5. 저녁에 『아사히신문』의 아메리카 총국장인 카와무라 킨지(河付欽二) 그리고 지쿠시 데쓰야(筑紫哲也) 기자와 식사하면서 이야기했다. 나를 도와주려고 매우 애쓰고 여러 가지 협의했다.

6. 나의 귀국 여부 기타(其他)는 아무래도 연말 또는 연초까지의 본국 정세와 신(新)닉슨 행정부의 인사구성 및 정책결정

을 보고 난 뒤에 결정해야 할 것 같다.

7. 뉴저지(New Jersey)의 김상민 선생, 펜실베이니아(Pennsylvania)의 변영호 군과 통화했다.

11월 18일 토요일, 워싱턴 D.C. → 뉴욕

1. 점심에 워싱턴 D.C.에 있는 민주진영의 유지들을 초청해서 식사를 같이 했다. 전규홍* 박사, 김웅수** 장군, 김웅찬 씨, 강영채 박사, 유기홍 박사, 이성호 군 등이 참석했다. 지난번 박정희 씨의 독재반대 데모(슬로건: Unification Yes! Dictatorship No! 통일 찬성! 독재 반대!)의 주동 인사들이며 앞으로 조국의 자유 회복을 위한 투쟁을 계속하며 새로운 조직체를 만들기로 했다. 나는 이번에 강연하지 않을 방침이었

---

* 전규홍(1906-2001). 초대 국회 사무총장이었으며 장면 내각 시절 주서독 대사로 활동하다가 1961년 5·16 쿠데타 이후 사임하고 미국으로 이주했다. 1977년까지 미국 의회도서관에서 아시아문제 연구원으로 재직했다. 미국에서 1963년 박정희 군정연장반대 시위, 1969년 박정희 정권의 3선 개헌 반대운동 등을 전개했다.
** 김웅수(1923-2018). 예비역 육군 소장이다. 5·16 쿠데타에 반대하여 반혁명죄로 10년 형을 언도받고 1년 정도 복역하다 1962년 5월 형집행정지로 출소한 후 1962년 8월 미국으로 유학을 떠났다. 1972년 워싱턴 D.C.의 가톨릭대학교에서 경제학 박사학위를 받았고 1973년부터 그 대학에서 경제학과 교수로 활동했다. 1972년 11월 워싱턴 D.C.에서 열린 유신반대 시위를 주도했다.

으나 모두 하는 것이 좋겠다고 해서 하기로 승낙했다.

2. 3시 비행기로 뉴욕에 도착하여 뉴욕쉐라톤호텔(New York Sheraton Hotel)에 묵었다. AP통신의 구삼열 씨, 동양통신의 김형섭 씨, 호바트 앤 윌리엄 스미스대학(Hobart and William Smith Colleges)의 김정원 박사 가족 등과 같이 저녁을 했다. 뉴욕에는 유기홍 박사와 이성호 군이 동행했다. 여기에 와서 소식을 들으니 김성곤 씨가 1년 만에 귀국했으며 본국에서는 함석헌,* 천관우 두 분이 연행되고 원주의 지학순 주교가 가택연금되었다고 한다.

---

* 함석헌(1901-89). 독립운동을 했으며 언론인이자 사회운동가로서 활동했다. 반독재 민주화운동 시기 망명 중인 김대중과 편지를 주고받을 정도로 가깝게 지냈다.

11월 19일 일요일, 뉴욕 → 워싱턴 D.C.

1. 뉴욕에 거주하면서 박사과정을 밟고 있는 임병규 씨의 차로 같이 임창영 박사를 찾았다. 여러 가지 실정을 검토하고 뉴욕 언론계를 동원하는 방법 등에 관해서 협의했다. 외국에서 오랜 기간 체류하고 안정된 생활을 하고 있으면서도 조국을 위한 일편단심을 그대로 간직하고 있는 것에 깊은 감명을 받았다. 부인도 퍽 적극적이다.

2. 뉴욕에서 돌아와서 김상돈* 선생 내외와 그의 사위인 송 박사 내외가 함께 와서 환담을 했다. 김상돈 선생 역시 평안한 미국 생활을 뿌리치고 본국으로 돌아가서 국민과 생사를 같이하겠다는 결심이어서 고맙기 그지없었다. 미국에 와서 보니 참 한심하다는 생각이 들 때가 있는데 여기처럼

---

* 김상돈(1901-86). 4선(1, 3-5대) 국회의원이며 장면 내각 때 처음 실시된 서울시장 선거에서 민주당 후보로 당선되어 서울시장으로 활동하다가 5·16 이후 사퇴했다. 1972년 3월 미국으로 떠났고 10월유신이 선포되자 미국에서 김대중과 함께 반독재 민주화투쟁에 나섰다.

안전한 곳에서도 정보정치를 두려워하고 작은 이해관계 때문에 꽁무니를 빼는 모습들을 볼 때 그렇다. 이런 모습을 볼 때마다 우리 민족이 불행을 겪는 이유를 새삼 절감하게 되어서 서글프기 한이 없다.

3. 미국에 와서 보아도 도쿄에서 예상했던 바와 차이가 없다. 지금 미·일 양국은 박정희 정권의 처사에 불쾌해하면서도 오히려 남북회담에 더 관심을 가지는 경향이다. 김일성 정권은 박정희 씨와 동조하니 나의 처지가 매우 불리한 것을 부인할 수 없다. 이제 우리는 우리의 힘으로 우리의 자유를 쟁취해야 하며 그러기 위해서도 많은 희생을 감수해야 할 것 같다.

11월 20일 월요일, 워싱턴 D.C.

국민적 비분(悲憤)의 날.

1. 오늘은 한국의 21일. 박정희 정권이 강행하는 개헌안 투표의 날이다. 그나마 가냘프게 유지해온 민주헌정의 마지막 숨을 끊는 날인 것이다. 지금 민주주의를 열망하고 평화적 정권교체를 열원(熱願)해온 우리 국민들은 얼마나 비분한 심정에 싸여 있을까. 신이여, 우리에게 정의의 승리를 주십시오.

2. 점심에 도널드 레너드 국무부 한국과장 및 그의 동료와 같이 식사하면서 이야기를 했다. 1) 10·17 사태는 박정희 씨의 정권연장이 목적이다. 2) 김일성의 박정희 씨에 대한 협력은 남한 내의 독재 반독재 분규 조장의 목적. 3) 본국에 돌아가는 것은 현명하고 용기 있는 일. 4) 신민당 의원 약 30명이 박정희 정권에 협력하고 있다는 풍문 등이 화제에 올랐다.

3. 일본 『마이니치신문』의 이시마루 카즈토(石丸和人) 지국장과 같이 식사를 했다. 퍽 우수한 판단력을 가진 분이다. 한국 사정을 듣고 놀라면서 앞으로 더 적극적인 관심을 갖고 도와주기로 했다.

* 나는 6·25 때 그리고 작년 5월 24일의
 자동차 사고로 죽었던 몸이다.
 22년이나 더 살았으며 그동안 많은 일도 했다.
 이제 앞으로 무슨 고초와 변을 당하더라도
 살아 있기 때문이다. 오히려 그동안의 생명에
 감사하고 떳떳이 살아나가자.

11월 21일 화요일, 워싱턴 D.C.

1. 본국에서 어제 시행된 국민투표의 '불법과 무효'를 주장하는 성명서를 만들어 내셔널프레스빌딩(National Press Building)에 보냈다. 이유는 개헌 절차의 위헌성, 내용의 반국시(反國是)성, 반대파의 봉쇄(계엄령하), 선관위의 정당대표 축출 등을 들었다.

2. NHK 야마무로 히데오 해설위원이 미국 시찰 중 찾아와서 이야기했다. 국무부의 박정희 씨에 대한 태도는 매우 차갑다고 전한다. 그러나 설사 아무리 차가워도 행동으로는 옮기지 않는 것이 오늘의 닉슨 정권이다. 오직 미국의 이익에 합치될 때만 그들은 움직일 것이다.

3. 보스턴에 있는 제롬 코헨(Jerome Cohen)* 하버드대학교 교

---

* 제롬 코헨(1930-). 중국법 전문가로서 하버드대학교 법학대학원 교수(1964-79)로 재직했다. 김대중은 1971년 1월 25일부터 1971년 2월 5일까지 미국을 방문했을 때 제롬 코헨 교수를 만났는데 이때가 첫 만남으로 판단된다. 코헨 교수는 김대

수, 그레고리 헨더슨(Gregory Henderson)* 터프츠대학교(Tufts University) 교수 그리고 김장호 박사 등에게 연락하여 오는 일요일에 만나기로 했다. 나의 강연도 할 수 있게 준비 중이라 한다.

* 주여,

살피고 돌봐주십시오.

중과 가깝게 지냈으며 한국의 민주화를 위한 다양한 지원 활동을 했다.
* 그레고리 헨더슨(1921-88). 외교관이자 학자이며 주한미국대사관 문정관(1948-50)과 정치담당 자문(1958-63)으로 7년간 한국에 있었다. 헨더슨은 장면 내각 시절 집권 민주당의 대변인을 하던 김대중을 알게 된 것으로 보인다. 한국 정치의 특성을 역사구조적인 맥락에서 분석한 『소용돌이의 한국정치』(*Korea: The Politics of the Vortex*)를 저술할 정도로 한국에 대한 이해가 깊었다.

11월 22일 수요일, 워싱턴 D.C.

1. 어제 낸 성명이 각 신문에 전혀 대서특필되지 않았다. 한국의 국민투표를 상당히 크게 취급하면서도 현지 특파원의 보도만 게재한 것은 참 이상하다.

2. 오후 3시 반부터 국무부에서 마셜 그린(Marshall Green) 차관보를 만났다. 레나드 한국과장과 역시 코리아 데스크의 미스터 크리클(Kriekle)이 동석했다. 그린 차관보는 의외로 나에게 큰 경의를 표하면서 격려했다. 또한 미국이 지금의 한국 사태를 매우 유감으로 생각하며 앞으로 결코 좌시만 하지 않을 것임을 시사했다. 나는 우리 운명은 우리가 개척해야 하며 나 스스로 국민의 선두에서 희생할 각오임을 밝혔다. 그린 차관보와의 대담은 예상보다 고무적이고 진지한 것이었다. 유기홍 박사, 이성호 군 동석.

3. 밤에 이성호 군 댁에서 워싱턴 주재 한국 기자 11명과 같이 저녁 식사를 하면서 여러 가지 의견을 교환했다. 화제는 주로 나의 4대국 부전보장론(不戰保障論)에 집중되었는데 기

자들이 국내 정치에 대해서 언급하는 것을 피하는 것 같다. 우리 기자들이 일본에서나 미국에서나 제대로 말도 못 하고 글을 쓰지도 못하는 것을 보면 참으로 가슴이 아프다. 중요한 문제의 제기는 "과연 이후락 씨가 이북(以北)에 갈 수 있었고 이번에도 김일성 정권이 박정희 정권을 그토록 도와주도록 한 배후의 작업이 누구에 의해서 진행된 것인가" 하는 점이다.

11월 23일 목요일, 워싱턴 D.C.

1. 오늘은 추수감사절로서 미국 사람들은 칠면조를 먹으면서 가족끼리 즐기는 날이다. 나는 점심을 성호 군과 하고는 온종일 호텔에서 잤다. 어쩐지 아무것도 하고 싶지 않다.

2. 인도차이나 휴전 문제가 파리(Paris)에서 미국의 헨리 키신저(Henry Kissinger)* 국가안보보좌관과 레둑토(Le Duc Tho)** 월맹(越盟) 대표 사이에 마지막 손질이 되고 있다. 나는 하루속히 베트남 휴전이 되기를 바란다. 두 가지 이유에서 그렇다. 첫째, 그 자체의 평화를 위하는 마음에서 바라며 둘째, 미국과 일본 등 우방의 관심이 한국에 본격화되기를 바라는 마음에서 조속한 휴전이 이뤄지기를 바란다.

---

* 헨리 키신저(1923-2023). 미국의 정치학자이자 외교관이며 김대중 1차 망명시기에는 닉슨 대통령의 국가안보보좌관(1969-73)이었다.
** 레둑토(1911-90). 북베트남의 정치가이며 파리평화협정에 북베트남 대표로 참석했다.

＊이 시간에
　괴로움을 당하고 있는
　동포들을 잊지 말자!

11월 24일 금요일, 워싱턴 D.C.

1. 점심에 하원에 가서 뉴욕 출신의 존 머피(John Murphy)* 의원과 식사를 같이 했다. 일본 도쿄의 외신기자클럽(Foreign Correspondents' Club)에서 한 연설문을 읽고 한국에서 평화적 정권교체의 역사가 없음을 유감으로 지적했다. 머피 의원은 한국전쟁 참전 의원이고 웨스트포인트(West Point) 출신이며 뉴욕에서 여섯 번 선출되었다. 앞으로 시장이나 주지사를 노리는 분이다. 오는 금요일 뉴욕에서 내가 저녁을 초대하기로 했다. 하원 외교위원장을 소개해주기로 했다.

2. 브루킹스연구소(Brookings Institution)의 아서 도크 바넷(Arthur Doak Barnett)** 박사와 연락이 되어 오는 목요일에 그의 팀원들과 함께 점심을 하면서 의견을 교환하기로 했다.

---

* 존 머피(1926-2015). 민주당 소속 정치인이며 하원의원(1963-81)을 역임했다.
** 아서 도크 바넷(1921-99). 중국 및 동아시아 지역과 미·중 외교관계를 연구했다.

11월 25일 토요일, 워싱턴 D.C.

1. 어젯밤부터 "한국 사태와 나의 신념"이라는 보고서 초고를 작성하여 오늘 강영채 박사에게 영문으로 번역해줄 것을 부탁했다.

2. 『워싱턴포스트』지에 「한국의 길」(Korean Way)이라는 제목의 사설이 나왔다. 요점은 "한국의 현 사태는 이북의 체제와 동일한 것이며 미국은 적극 개입해서 시정도 안 시키면서 무엇 때문에 우물쭈물하느냐. 차라리 박정희 씨가 그렇게 원하면 마음대로 하라고 내버려두라"는 아주 체념적이고 약간 감정적이나 오늘날 미국 국민의 심정을 잘 반영한 듯하다. 박정희 씨의 불장난이 나라의 운명을 그르치는 것을 보면 한탄스럽다.

11월 26일 일요일, 워싱턴 D.C. → 보스턴(Boston)

1. 셔틀을 두 번 갈아타고 보스턴에 갔다. 김장호 박사(광주 출신)가 나를 맞이했으며 그레고리 헨더슨 교수 집에 가서 점심을 같이 했다. 헨더슨 교수는 한국 문제에 큰 관심이 있고 박정희 대통령의 이번 처사를 공격하는 글을 『뉴욕타임스』에 보내 "편집자에게 보내는 편지"(Letters to the Editor)란에 게재되었다. 한국말도 좀 하고 한국의 역사 등에 있어 어떤 점은 우리보다 더 잘 안다. 지금 터프츠대학교에서 교편을 잡고 있다. 5·16 전까지 한국에서 10년 이상 근무했다. 그의 한국 호는 소당(素堂), 한국명은 한대선(韓大善)이다.

2. 한국인 교회 예배에 참석한 후 『크리스천 사이언스 모니터』지 등과 기자회견했다. 그리고 한국인 약 40명에게 한국 사태에 대해서 연설했다. 대학교의 교직자 등 아주 수준이 높은 인사들이다. 크게 납득을 시킨 것 같다.

3. 스타틀러힐튼호텔(Statler Hilton Hotel)에서 잤는데 저녁에 다시 헨더슨 교수 그리고 조해영 씨와 이야기했다.

11월 27일 월요일, 보스턴 → 워싱턴 D.C.

1. 오전 10시에 제롬 코헨 하버드대학교 교수를 만났다. 미국이 구체적으로 한국을 어떻게 도울 수 있는지를 묻는다. 나는 선결 요건은 방법이 아니라 한국 민주주의에 대한 미국의 태도라는 점을 강조했다. 에드워드 케네디(Edward Kennedy)* 상원의원에게 연락을 취해주기로 했다. 이봉호 박사를 만났는데 매우 침착하고 실력 있는 분이다. 영국, 일본, 미국 등에서 공부하고 박사학위를 두 개 받았으며 주 전공 분야는 일본 법철학이라 한다.

2. 오후에 에드윈 라이샤워(Edwin Reischauer)** 하버드대학

---

* 에드워드 케네디(1932-2009). 미국 민주당 소속 정치인이며 상원의원(1962-2009)을 역임했다. 존 F. 케네디(John F. Kennedy) 대통령의 막냇동생이다. 1971년 2월 4일(미국 시간) 신민당 대선후보로서 미국을 방문한 김대중을 처음 만난 이후 친분을 이어갔으며 김대중과 한국 민주화운동을 돕기 위해 많은 활동을 했다.
** 에드윈 라이샤워(1910-90). 하버드대학교 교수로서 일본 및 동아시아 역사와 문화를 연구했으며 주일미국대사(1961-66)를 지냈다. 김대중을 높이 평가하여 김대중의 활동을 다방면

교 교수를 만났다. 한국 사태를 매우 우려하고 닉슨 정부의 일본과 한국 무시 정책을 비판했다. 여러 가지로 깊이 염려해주고 에드워드 케네디, 제임스 윌리엄 풀브라이트(James William Fulbright),* 휴 스콧(Hugh Scott)** 등 상원의원과 키신저 및 오히라 마사요시(大平正芳)*** 외상에게 편지하겠으며 『뉴욕타임스』에도 장문의 기고를 하겠다고 말한다. 적극적인 반응에 감사 인사를 하고 작별했다.

3. 미국 여론을 보면 보수적인 측은 한국에서 독재든 뭐든 반공을 강조하면서 안정만 하면 된다는 식이다. 자유주의적인 측은 그따위 독재를 하든 말든 빨리 철수해버리라는 식이다. 따라서 나같이 민주주의를 하겠다는 입장은 협조를 받을 여지가 전혀 없는 셈이다.

에 걸쳐서 큰 도움을 주었다.
* 제임스 윌리엄 풀브라이트(1905-95). 미국 민주당 소속 정치인이며 상원의원(1945-74)을 역임했다.
** 휴 스콧(1900-94). 미국 공화당 소속 정치인이며 상원의원(1959-77)을 역임했다.
*** 오히라 마사요시(1910-80). 일본의 정치인이며 총리(1978. 12-1980. 6)를 역임했다. 외교 분야에서 많은 역할을 했으며 김대중 1차 망명시기에 외무상이었다.

4. 우리 국민은 왜 그토록 용기가 없을까. 본국에서도 그렇고 일본이나 미국까지 와서도 두려워들 한다. 아무리 계엄령 하라지만 야당이나 국민이 이토록 용기가 없어서야. 용기 없는 백성은 노예가 될 뿐이다. 더욱이 알면서 행동할 용기가 없으면 가장 고통스러운 노예가 될 뿐이다.

5. 그레고리 헨더슨 교수와 저녁을 같이 하고 워싱턴 D.C.로 돌아왔다.

11월 28일 화요일, 워싱턴 D.C.

1. 디트로이트(Detroit)에서 송원영 의원이 약속한 조규창 씨가 찾아왔다. 같이 식사하고 여러 가지 시국에 관해서 의견을 교환했다. 일부러 와주어서 감사하다.

2. 일본의 신문들을 보니까 한국의 개헌에 대해서 상당히 비판적인 사설과 금후(今後)의 민주회복 여하(如何)를 주목하는 사설이 실려 있다. 내가 도쿄에 있었을 때 노력한 것이 약간의 효과가 나타난 것 같다. 『아사히신문』의 본국으로부터의 기사는 과거에 비해 너무 약해지고 한심하다.

11월 29일 수요일, 워싱턴 D.C.

1. 존 앤더슨(John Anderson) 『워싱턴포스트』지 논설위원이 호텔로 나를 찾아와서 여러 가지 토론을 했는데 매우 감명을 받은 듯하다. 특히 내가 "아시아에서 미국은 자기 힘의 부족을 개탄만 하지 말고 일본과 합하면 1950년대 이상의 영향력을 발휘할 수 있음을 인식해야 하고 주한미군의 전략적 가치는 종래의 북한으로부터의 침략 방지라는 측면뿐만 아니라 한국의 군사적 진공상태를 메꿈으로써 일본의 재무장을 막고 미·일 안보체제를 유지시키는 데에 있다는 점을 새롭게 인식할 필요가 있음을 강조하면서 이러한 입장에서 볼 때 중국이나 북한의 판단도 종래와 다른 면이 생기는 것이다"라고 설명하자 여기에 크게 동의했다.

2. 뉴욕의 구삼열 씨와 윌리엄 번디(Wiliam Bundy) 씨에게 면회 건으로 연락했다. 아무래도 내주(來週) 월요일에야 양쪽 형편이 합치될 듯하다.

11월 30일 목요일, 워싱턴 D.C.

1. 국무부 측 소식에 의하면 엄영달 비서실장이 박정희 정권에 협력할 것 같다는 이야기다. 무슨 음모가 진행되고 있는 것 같다. 그러나 조작한들 어떻게 하겠는가. 나의 입장은 너무도 떳떳하니까 두려울 것이 무엇이냐.

2. 또 소식에 의하면 이철승 의원이 정부의 고위 직책을 맡게 된다는 이야기다. 처음부터 짐작한 대로이고 작년에 이미 그들 사이에 합의된 소위 안보 담당 부총리직의 실현이 아닌가 생각된다. 이철승 의원이 정부에 들어가면 아마 나에 대해서는 무서운 박해를 가하려고 덤비겠지. 세상 점점 허망하게 돌아가는 것 같다.

   * 소신대로 용기를 가지고 일생을 관철하자!
     그 이상은 내 힘으로 어떻게 하겠는가!

1972년 12월

"우리는 세계 제일
강한 나라가 될 수는 없다.
그러나 세계 제일
훌륭한 나라는 만들 수 있다."

12월 1일 금요일, 워싱턴 D.C. → 뉴욕

1. 아침에 아메리칸 항공(American Airlines)으로 뉴욕에 도착하여 임창영 박사를 만났다. 임 박사와 같이 제임스 그린필드(James Greenfield)*『뉴욕타임스』외신부장을 만나서 의견교환을 했다. 매우 점잖은 분이고 나의 말을 잘 이해하며 도쿄에 있는 리처드 핼로런(Richard Halloran)** 기자 등에게 편지를 해놓겠으니 만나달라고 했다. 이어서 논설위원 한 명과 만나서 잠시 의견교환을 했다. 두 사람에게 모두 내가 새롭게 작성한 "한국의 상황과 나의 신념"(Korean Situation and My Belief)이라는 제목의 글을 주었다.

---

* 제임스 그린필드(1924-2024). 미국 국무부 공보담당 차관보(1962-66)를 지냈고 김대중 1차 망명시기에는 『뉴욕타임스』 외신부장이었다.
** 리처드 핼로런(1930-2020). 김대중 1차 망명시기에 『뉴욕타임스』 아시아 특파원이었다.

2. 점심은 미스터 오램(Oram)과 했는데 그는 PR 대행업자다. 베트남의 응오딘지엠(吳廷琰)* 대통령 초기 때 일을 했고 한국의 장면 정권의 일도 했다. 독재정권과는 협력하지 않는다 한다. 가나의 콰메 은크루마(Kwame Nkrumah) 통치 당시 그와 맞선 인사들도 왔는데 총리로 돌아간 지 1년 만에 다시 밀려났다고 한다. 그는 나에게 큰 관심을 보였고 내 처지를 깊이 동정했다. 앞으로 서로 협조해보기로 합의했다.

3. 조규창 씨가 묵는 아메리카나호텔(Americana Hotel)에서 고병철(高秉徹) 씨를 만났다. 그는 북한을 두 번 다녀왔고 지금은 박정희 정권의 입장도 지지하면서 한국에 들어가기 위해서 준비 중이다. 좀 특별한 분이며 나와는 입장이 아주 다르다. 나에게 북한에 가보라고 권하면서 여러 가지 설명한다. 세상 사람들이 말하는 것처럼 허황된 인물로는 보이지 않으나 나는 그저 듣기만 하는 입장이다. 그와 조 씨는 역시 이철승 씨 관계가 사실이며 자기들이 중간에서 박정

---

* 응오딘지엠(Ngo Dinh Diem, 1901-63). 베트남 공화국(남베트남)의 초대 대통령이다.

희 정권과 접촉을 시켰다는 것이다.

4. 임창영 박사, 이성호 군과 같이 라디오시티뮤직홀(Radio City Music Hall)에서 「1776년」이라는 영화를 봤다. 독립 당시의 영화다. 영어를 잘 알아듣지 못해서 곤란했다.

12월 2일 토요일, 뉴욕

1. 아침에 호텔에서 김상돈, 임창영, 송 박사(김상돈 선생 사위) 등과 함께 이번에 새롭게 알게 된 최석남* 예비역 준장, 장석문 대령 등을 만났다. 최석남, 장석문 두 분은 열의가 대단하며 믿을 만한 인물들인 것 같다. 임병규 씨도 동석하여 실무에 적극 참여하기로 했다.

2. 여러 가지 협의 결과 뉴욕에서 오는 13일경에 강연을 하고 시위도 하기로 했다.

---

* 최석남. 육군 통신감을 지낸 예비역 육군 준장이며 박정희 대통령과 조선경비사관학교 2기 동기생이다. 최석남은 1973년 7월 한민통 미국본부 결성을 위한 회의에서 '망명정부를 세우자'고 제안하기도 했는데 김대중은 이를 반대하고 최석남의 발언을 취소시켰다. 김대중은 민주화투쟁의 목표는 새로운 국가를 건설하는 것이 아니라 대한민국이 민주헌정질서를 회복하여 자유민주주의 국가가 되도록 하는 데에 있다는 점을 강조하여 이를 한민통의 기본 노선으로 확정했다. 최석남은 1974년 '재미구국향군'을 결성하는 등 반유신 활동을 전개했다.

＊긴 악몽은 있어도
　영원한 악몽은 없다.

12월 3일 일요일, 뉴욕

1. 필라델피아에서 변영호 군이 와서 같이 하루를 지냈다. 많은 신세를 졌다. 한국의 사태에 분노하고 향후 적절한 시점에 함께 투쟁하기로 합의했다.

2. 보스턴에서 이봉호 박사가 와서 변영호 군, 이봉호 박사, 최석남 장군을 서로 소개하고 앞으로 합심해서 싸우기로 했다.

12월 4일 월요일, 뉴욕 → 워싱턴 D.C.

1. 이봉호 박사와 같이 윌리엄 번디 『포린어페어스』(*Foreign Affairs*) 편집장과 한 시간 동안 그의 사무실에서 대담했다. 그는 한국 사정에 큰 유감을 표시하고 앞으로 한국을 직접 관찰한 사람으로 하여금 글을 쓰도록 하겠다고 말했다.

2. 최석남 장군, 이봉호 박사와 같이 식사하고 오후에 비행기를 타고 워싱턴 D.C.로 귀환했다. 성호 군의 이야기로는 라이샤워 교수가 에드워드 케네디, 휴 스콧, 제이콥 재비츠(Jacob Javits),* 찰스 퍼시(Charles Percy)** 등 상원의원과 키신저 국가안보보좌관 그리고 오히라 외상에게 간곡한 소개 편지를 썼다고 한다.
   복사본을 보내왔다. 미국에 와서 많은 인사를 만났지만 그가 가장 진심으로 도와주고 있다.

---

* 제이콥 재비츠(1904-86). 미국 공화당 소속 정치인이며 상원의원(1957-81)을 역임했다.
** 찰스 퍼시(1919-2011). 미국 공화당 소속 정치인이며 상원의원(1967-85)을 역임했다.

* 덕불고필유린(德不孤必有隣)*

---

* 덕 있는 사람에게는 이웃이 있어 외롭지 않다.

12월 5일 화요일, 워싱턴 D.C.

1. 어제는 메이플라워호텔에 방이 없어서 파크쉐라톤호텔(Park Sheraton Hotel)에서 잤다.

2. 강영훈,* 김웅수 두 장군과 아침 식사를 같이 했다. 두 분 다 한국의 장래가 공산화하지 않을까 매우 염려하며 박정희 대통령이 하는 일에 지극히 비판적이다.

3. 한국에서 어제 이원순 처숙(妻叔)이 오셨는데 아내의 편지가 왔다. 처음 자세한 소식을 들었다. 귀국 문제는 신중하게 판단해서 결정해야 하고 가족 일은 걱정하지 말라고 한다. 매일 주님께 기도하고 있다고 한다. 아내에게 깊이 감사했다. 그리고 일부 야당 정치인들이 협력하고 있다고 한다.

---

* 강영훈(1922-2016). 5·16 쿠데타 이후 반혁명 장성으로 체포 수감된 후 육군 중장으로 예편했다. 그후에 미국으로 유학을 떠났는데 그의 처남 김웅수 장군과 비슷한 경우였다. 1976년 귀국했으며 노태우 정부 시기 국무총리(1988. 12-1990. 12)를 역임했다.

* 역사가 가장 결정적 반동의 고비에 가면
믿었던 많은 인사들이 탈락하기 마련이다.
그러나 이는 칠흑의 밤이 깊을수록
밝은 태양의 아침이 다가오고 있다는
것이기도 하다.

* 나에게 실망은 있다.
그러나 절망은 없다.
하느님의 진리와 역사의 교훈은
나를 그렇게 신념케 했다.

* 인생은 단 한 번뿐이다.
두 번 세 번 산다면 한 번쯤은 적당히
살 수 있지만 단 한 번뿐이니
죽을 때 후회 없는 값있는 일생을 살아야 한다.

12월 6일 수요일, 워싱턴 D.C. → 미주리(Missouri)

1. 미주리주에 가서 강연을 하기 위하여 오후 6시 45분 비행기로 출발해 도중 세인트루이스(Saint Louis)에서 갈아타고 밤 10시쯤 컬럼비아(Columbia)에 도착했다. 공항에는 조순승* 박사, 정대철** 군, 조홍규 씨, 조택원 군 등이 나와서 나를 맞이해주었다. 성호 군 동행.

2. 컬럼비아의 라마다여관(Ramada Inn)에 들어갔으며 공항에 마중 나온 분들과 늦게까지 한국 사정에 대해서 이야기했다. 모두 조국의 앞날을 크게 걱정하고 있다.

---

* 조순승(1929-2022). 미국 미주리대학교 교수를 역임했으며 3선(13-15대) 국회의원을 역임했다. 정대철의 손위 동서이기도 하다.
** 정대철(1944-). 김대중과 각별한 관계인 정일형·이태영 부부의 아들로서 어릴 때부터 김대중을 알고 지냈다. 5선(9-10, 13-15대) 국회의원을 역임했으며 김대중 1차 망명시기 당시 미주리대학교에 유학 중이었다.

＊주여,
　세계의 모든 곳에 있는 우리 동포들이
　조국의 이름을 자랑스럽게 부를 날이
　속히 오도록 도와주시옵소서.

＊우리는 세계 제일 강한 나라가 될 수는 없다.
　그러나 세계 제일 훌륭한 나라는 만들 수 있다.

12월 7일 목요일, 컬럼비아 → 풀턴(Fulton)

1. 미주리대학교(University of Missouri)에서 강연(오후 3시 반)이 있기 전에 10시부터 기자회견을 가졌다. 지방지와 방송이 동원되었다. 상당히 신랄한 질문이 있었다.

2. 강연에는 약 100명의 교수와 학생이 모였다. 연설 후에 질문이 있었는데 주로 미국이 아시아에서 어떻게 실패를 만회할 것인가 하는 점과 박정희 정권이 앞으로 어떤 방법에 의해서 종식될 것이냐 하는 점이었다. 매우 진지한 분위기며 다들 나의 말에 매우 만족한 표정들이다. 조순승 박사의 통역이 퍽 훌륭했다.

3. 웨스트민스터대학(Westminster College)의 피터(Peter) 김 교수의 안내와 통역으로 저녁 7시 반부터 강연을 했다. 약 70명의 교수와 학생이 모였는데 미주리대학교 이상으로 진지했다. 특히 교수들이 열성적이어서 강연이 끝난 뒤까지 커피를 마시면서 토론을 전개했다. 매우 자유주의적인(liberal) 생각들을 갖고 있다.

4. 웨스트민스터대학의 게스트하우스에서 잤는데 밤중에 히터가 꺼져 추워서 혼이 났다. 정대철 군과 같이 잤다. 피터 김 교수의 부인은 참 얌전하고 친절하다. 내외가 모두 부산 출신이다.

5. 1946년 윈스턴 처칠(Winston Churchill)이 이 대학에서 "철의 장막"(Iron Curtain)이란 말을 썼는데 나는 아시아의 군사 독재자 앞에서 인민들이 겪는 상황을 비유하여 "총검의 장막"이란 말을 썼다. 이 대학에서는 김종필 씨가 명예박사 학위를 받았다 한다.

12월 8일 금요일, 풀턴 → 컬럼비아 → 페이엣(Fayette)

1. 아침에 다시 웨스트민스터대학에서 학생과 교수 약 60명과 질의응답을 했다. 학생들은 대체로 어제 이외의 사람들이다. 김 교수 말로는 성과가 매우 좋다고 하며 학생들이 크게 기대했다 한다. 시간 관계상 부총장 안내로 처칠기념관을 구경하고 기자회견하기로 한 것을 취소했는데 퍽 애석했다.

2. 페이엣의 센트럴메소디스트대학교(Central Methodist University)에 가서 선우(鮮于) 박사의 안내로 학생 약 30명 그리고 교수들과 점심을 하면서 중간에 질의응답을 했다.

3. 이번 강연 중 마침 해리 S. 트루먼(Harry S. Truman) 전 대통령이 위중해서 그의 쾌유를 비는 말을 하고 또 이 지방이 근래에 없이 추워진 것을 농담해서 "아시아의 차가운 군사독재의 바람을 한 몸에 맞고 있는 내가 와서 이 지방이 갑자기 추워진 것 같아 미안하다"고 말하자 청중들이 모두 크게 웃었다.

4. 오후 3시 반부터 미주리대학교에서 다시 학생들과 진지한 토론이 있었다. 약 30명 참석.

5. 밤 7시 반 조 박사 댁에서 리셉션이 있었다. 같은 대학의 교수 15명가량이 부인을 동반해서 왔다. 동남아를 전공하는 미스터 로저스(Rogers) 등 몇몇 교수는 밤늦게까지 토론을 그치지 않았다.

* 사람은 누구나 죽음을 면할 수 없다.
어차피 죽는다면 떳떳하게 죽어야 한다.
한 번 죽음을 값있게 하기 위하여
헛된 죽음이 안 되도록 목숨을 하늘같이
소중히 해야 한다.
평시에 목숨을 아끼는 자,
의를 위해서 이를 초개와 같이 버릴 수 있다.

12월 9일 토요일, 컬럼비아 → 세인트루이스

1. 라마다여관에서 잠을 잤다. 10시 반에 미주리대학교에서 신문학을 연구 중이며 한국 광주에서 평화봉사단(Peace Corps)으로 2년 동안 봉사한 적이 있는 조나단 무디(Jonathan Moody) 군과 인터뷰했다. 자기가 관계하는 신문에 싣는다고 한다. 그에게 내가 한 말의 결론. "미국 국민과 언론은 위대하고 의회와 사법부도 위대하다. 그러나 미국의 정책은 위대하지 않다. 이것이 문제다."

2. 12시부터 미주리대학교의 교내에서 컬럼비아에 거주하는 한국인 약 50명이 모여서 식사를 같이 하고 내가 강연했다. 큰 감명을 준 것으로 보인다. 이 지역의 한국인은 약 100명인데 모두 잘 단합해서 살고 있어 퍽 기쁘다.

3. 컬럼비아에서 세인트루이스까지 임성규 씨의 차로 달렸다. 장원호 교수 차도 동행했다. 조순승, 조홍규, 정대철, 조태권, 김봉구, 유석열 씨 등이 동행해주었다. 후의(厚意)가 참 감사하다.

4. 세인트루이스에서는 한인회장인 강우정 박사 주최로 김광정 박사 내외, 박홍 신부, 김동건 씨, 심일섭 씨, 구본욱, 피터 김, 윤대섭, 전병재, 강창홍(의사), 정우식, 조지호, 선일우 씨 등 10여 명이 먼 길에 오신 분까지 해서 '상하이'라는 중국집에서 환영회를 열어주었다. 나의 이야기에 퍽 만족들 하고 돌아갔다.

5. 역시 라마다여관에서 투숙했다. 우리 동포들은 지금 미국 각지에서 무서운 힘으로 뻗어나간다. 본국의 아무 도움도 없이 그들이 각 분야에서 세계 어느 민족에도 지지 않을 만큼 뚫고 나가는 것을 보면 참으로 놀랍다. 이와 같은 활력을 가진 민족이 결코 불행해질 수는 없다.

12월 10일 일요일, 세인트루이스 → 워싱턴 D.C.

1. 10시에 세인트루이스대학교(Saint Louis University) 안에서 열린 미사에 참가했다. 한국인 신자 약 30명이 참석. 박홍 신부가 집전했다. 천주님께 조국과 동포들을 학정으로부터 구출할 수 있는 힘을 주시도록 기구(祈求)했다. 교우들에게 인사를 전하면서 천주교가 대중의 고통을 같이하고 그들이 현실 속에서 겪는 문제점을 해결해주지 못하면 공산주의 세력에 패배하는 일을 막지 못할 것이라고 강조했다. 예수께서 십자가를 진 행동을 우리가 깊이 음미해야 한다.

2. 세인트루이스에 거주하는 정탁리 씨의 초대로 중식을 같이 하고 시내 구경을 했다. 특히 유명한 게이트웨이 아치(Gateway Arch)에 올라가보았다. 미관(美觀)적으로나 주위 경치나 별 신통한 것이 못 된다. 건축기술상은 참으로 신기한 데가 있다. 정탁리 씨는 재미있는 분이다. 자기 이름의 통용을 테이 타쿠리(Tei Takuri)라고 일어로 하고 시민권은 미국이며 부인은 독일 여성이다. 나를 좋아하고 협조를 약속했다.

12월 11일 월요일, 워싱턴 D.C.

1. 워싱턴 D.C.에서의 나의 강연을 오는 토요일 오후 7시 반 아메리칸대학교(American University)에서 정연회(政硏会) 주최로 하기로 결정했다. 『동아일보』, 『한국일보』 등에 광고 내는 것은 정권 측의 방해로 잘 안되는 모양이다.

2. 뉴욕의 강연이 정권 측의 작용으로 장소를 빌려준 컬럼비아대학교(Columbia University)에서 사용 취소한다고 한다. 임창영 박사와 최석남 장군에게 연락하여 어떤 일이 있어도 관철하도록 당부했다. 결국 안 되면 호텔 방에서 단 20, 30명에게라도 말을 해야지 정보정치가 방해하면 뉴욕에서까지 아무것도 못 한다는 선례를 만들어서는 안 된다고 단단히 주의했다.

12월 12일 화요일, 워싱턴 D.C.

1. 12시 반에 『아사히신문』 미주 총국장인 카와무라 킨지와 중식을 같이 했다. 미국의 대(對)아시아, 특히 대한(對韓) 정책과 우리의 장래 운명에 대해서 의견을 교환했다.

2. 뉴욕의 강연회는 예정대로 컬럼비아대학교의 장소를 쓸 수 있게 될 것 같다.

12월 13일 수요일, 워싱턴 D.C.

1. 김웅찬 씨와 중식을 같이 하면서 워싱턴 D.C. 조직에 관한 일을 맡아주도록 부탁하여 승낙을 받았다. 김웅찬 씨는 부친이 전(前) 해병대 사령관인 김대식 씨인데 매우 점잖고 착실한 일꾼이다.

2. 오후 2시에 에드워드 케네디 상원의원을 만났다. 강영채 박사, 유기홍 박사 그리고 이성호 군이 동행했고 캐리 파커(Carry Parker) 씨가 동석했다. 케네디 의원은 나에게 1) 작년 선거를 주시했는데 참으로 잘 싸웠다. 당신을 존경한다. 2) 당신이 의견서에서 밝힌 주장에 대해서 동의하지 않을 수 없다. 3) 앞으로 내가 도울 수 있는 일은 최대한 노력하겠다. 상하 양원(兩院)의 의원들과도 협의하겠다. 4) 『뉴요커』(The New Yorker)지의 한국 관계 기사를 읽었다. 5) 무엇이든지 자유롭게 부탁하라. 한국보다 당신 개인에게 더욱 관심이 크다. 6) 한국에 가더라도 연락을 끊지 말고 계속 연락하라고 하는 등 극진한 호의를 보여주었다.

그는 미국 군대의 남한 주둔 문제에 대해서 1) UN군 명칭

사용 2) 주둔 적부(適否) 내지는 적당한 규모 등을 질문했다. 나는 그에게 4년 후의 성공을 빌고 오늘 신문에 보도된 닉슨 정책 지지 발언의 좋은 반응을 이야기했다. 또한 케네디 대통령의 양심을 살려서 미국이 아시아의 군사독재자를 더 이상 돕지 못하도록 노력할 것을 부탁했다. 그는 닉슨 정권은 독재자를 편하게 생각하기 때문에 나의 제안이 현실화되기 어려울 것 같다는 의견을 밝혔다.

3. 보스턴에서 그레고리 헨더슨 교수가 와서 같이 저녁을 했다. 그는 국무부에서 마셜 그린 차관보를 만났다고 하면서 그린 차관보가 깊은 이야기를 피하면서도 나를 존경하고 나의 장래를 주시한다고 말했으며 또한 한국에 대해서 계속 압력을 가할 것이라는 점을 시사했다고 전해주었다. 다만 나의 귀국 문제에 대해서 한국에 가서 안전하냐 여부보다 국내 또는 국외 어느 쪽이 더 많은 일을 할 수 있느냐에 중점을 두도록 부탁했다. 비행장까지 함께 가서 보냈다.

*"적당한 위험을 감수하는 자가
모든 분야에서 성공한다"는
연구 성과가 있다.
지나치게 안전을 바라서도 안 되고
도를 넘는 위험을 무릅써도
안 된다는 이야기다.

12월 14일 목요일, 워싱턴 D.C. → 뉴욕

1. 아침 10시 반 비행기로 뉴욕으로 출발. 유기홍 박사 동행. 임창영 박사와 같이 제이콥 재비츠 상원의원을 만났다. 유대인이며 매우 날카로운 분이다. 나의 의견에 공명하면서 일일이 메모를 하고 케네디 의원과 협의해서 도와주기로 했다.

2. 오후 5시에는 『타임』지에 가서 외신부 차장인 미스터 브라이언트(Bryant)와 함께 자리한 여기자와 같이 장시간 한국 사태를 검토했다.

3. 밤 7시 반부터 컬럼비아대학교에서 열린 강연회에는 약 420명 정도 모여서 일대 성황을 이루었다. 모두 진지하게 경청하고 질문도 활발했다. 크게 성공한 셈이다. 끝나고 임가영 목사 내외, 기타 유지 10여 명과 김상돈, 임창영, 임병규 씨 등과 같이 이야기하며 더욱 노력하기로 했다.

12월 15일 금요일, 뉴욕 → 워싱턴 D.C.

1. 오전에 뉴욕에서 돌아와서 유명한 칼럼니스트인 잭 앤더슨(Jack Anderson) 씨와 중식을 같이 했다. 그는 박정희 정권에 비교적 좋은 감정을 가지고 있으며 최근의 한국 사정도 잘 모르고 있었다. 내가 준 팸플릿을 읽고 난 후에 새로운 생각을 갖게 된 면이 있는 듯하다. 유기홍 박사와 이성호 군 동석.

12월 16일 토요일, 워싱턴 D.C.

1. 뉴욕 강연할 때 만난 의사 최도식 씨가 찾아와서 통일 문제 등을 이야기하고 중식을 같이 했다. 그는 김용중* 씨 지지 인사로 나와는 견해가 전부 일치하지 않으나 대화는 유익했다.

2. 저녁 7시 반부터 아메리칸대학교에서 정연회 주최로 나의 강연 및 패널 토론이 있었다. 날씨가 춥고 시험 때고 연말인 데다가 통지도 늦고 해서 출석 인원은 예상보다 적었다. 약 100명 넘는 정도. 그러나 다행히 워싱턴 D.C. 지역의 유력한 인사가 거의 출석했고 거기다 토론이 퍽 좋았으며 나의 답변에 모두 만족해서 어떤 의미에서는 뉴욕을 훨씬 능가하는 좋은 성적이었다. 패널 멤버로는 조창현 박사, 김세준 박사, 안홍균 씨 등이 있었는데 그들은 나의 집권 이후의 구상, 대중민주 체제의 설명, 남북통일과 주한미군의 문

---

* 김용중(1898-1975). 재미 한국인으로서 독립운동을 했으며 중립화 통일을 주장했다.

제 등의 답변에 퍽 만족한 것으로 보였다.

3. 영작 군이 아내 및 어린애와 같이 오하이오에서 찾아와서 같이 저녁을 했다.

    ＊한국 사람은 서로 10 중에 7까지
       같은 점은 중시하지 않고 3의 차이점만을
       강조하는 경향이 있다.
       나는 여기서 동포들에게 그런 자세가
       민족 분열의 원인이란 점을 역설하고
       주시하도록 힘쓰고 있다.
       우리는 민주주의와 평화적 통일에 일치하면
       무엇이든지 함께할 수 있는 것이다.

12월 17일 일요일, 워싱턴 D.C.

1. 12시에 성호 부부, 영작 부부와 같이 중국집 '옌칭'에서 식사를 같이 했다. 새삼 고국의 가족과 아이들 생각이 났다.

2. 5시에 김웅수 장군과 같이 여러 가지 장래의 계획 및 워싱턴 D.C.의 교포조직 문제를 상의하고 같이 이주성 씨 댁에 갔다. 부인 미세스 이(Lee)는 IMF에서 과장급으로 있는 똑똑한 분으로서 이날 저녁 나를 주빈으로 해서 한·미 양국인(兩國人)을 초대했다. 어느 곳에서나 마찬가지로 한국 문제를 토의했다.

12월 18일 월요일, 워싱턴 D.C.

1. 스튜어트 사이밍턴(Stuart Symington)* 상원의원이 만나기 어렵다는 뜻을 전해왔다. 한국 정부 측 작용 아니면 라이샤워 교수가 자기에게는 편지를 안 쓰고 다른 의원들에게만 쓴 것을 기분 나쁘게 생각한 탓인 듯.

2. 국무부의 도널드 레나드 과장과 같이 점심을 했다. 그는 한국민이 결코 이대로 있지 않을 것이라고 보면서도 미국이 능동적으로 움직일 수는 없다는 태도다. 또 내가 한국에서 야당으로서 활동할 여지가 거의 없다고 판단한다. 나의 견해와 같다.

---

* 스튜어트 사이밍턴(1901-88). 미국 민주당 소속 정치인이며 상원의원(1953-76)을 역임했다.

3. 노스캐롤라이나대학(The University of North Carolina)의 조창현* 박사가 와서 같이 이야기하다 그의 매형인 안 목사의 초청 식사에 참석했다. 전규홍 씨, 강영훈 장군, 김웅수 장군 등도 동석.

---

* 조창현(1935-). 미국 노스캐롤라이나대학교 펨브록캠퍼스에서 교수(1968-81)로 재직했으며 한양대학교 행정학과 교수(1981-2001)로도 재직했다.

12월 19일 화요일, 워싱턴 D.C.

1. 노광욱* 씨와 식사를 같이 했다. 그는 퍽 민족주의적이고 양심적인 인사이나 통일을 앞세우는 나머지 최근은 우리 측과 좀 멀어졌다. 그러나 나는 소이(小異)를 너무 문제삼지 말라고 부탁하고 서로 같은 점을 중시해야 된다고 말했다. 노광욱 씨도 매우 만족해하면서 헤어졌다.

   * 나는 대통령이 되어서
   조국의 민주주의와 대중의 행복을
   구현해야 할 중책이 있다.
   목전의 사태에 일희일비하지 말고
   대중적 조직 위의 정권의 인수,

---

* 노광욱(1922-2014). 음악가이자 치과의사이며 워싱턴한인회장(1969)을 역임했다. 박정희 정권의 3선 개헌 반대투쟁 등 민주화운동을 전개했다. 통일을 중시하는 민족주의 성향이 강해서 선통일-후민주 노선을 지지하여 선민주-후통일을 강조하는 김대중 노선과는 차이가 있었다.

정권 인수 후의 안정된 유지
그리고 대중의 자유와 행복을 구현할 수 있는
준비에 착실히 노력해야 한다.

* 대책의 준비만이
안정된 장래를 보장하며
미국이나 우방 인사들을 납득시킬 수 있다.

12월 20일 수요일, 워싱턴 D.C. → 뉴욕

1. 오전 10시 비행기로 조창현 박사와 같이 뉴욕에 도착했다. 임창영 박사와 합류해서 뉴욕타임스사에 가서 존 오크스(John Oakes)* 편집장을 만났다. 그는 재작년 11월경 한국에 와서 우리 집에서 장시간 대화를 나눈 적이 있다. 나와는 당초 30분 예정이었으나 한 시간 반이나 이야기했다. 나의 말과 팸플릿 내용에 퍽 흥미를 표시했다. 그는 나에게 700단어 한도의 기고를 의뢰하며 칼럼난에 싣겠다고 약속했다. 회담에는 미스터 브라운(Brown)이라는 논설위원도 참석해서 진지한 자세로 내게 질문했다. 그는 주한미군의 역할, 박정희 정권 견제 방법, 한국 통일의 가능성, 박정희 대통령의 남북대화의 진의 등에 관심을 표시했다. 그는 독일과 한국의 통일 문제에 있어서의 차이점을 퍽 흥미 있게 들었다.

---

* 존 오크스(1913-2001). 김대중 1차 망명시기에 『뉴욕타임스』의 논설면 편집장(1961-76)이었다.

2. 오후 2시 반부터는 미국기독교교회협의회에서 『뉴욕타임스』의 아시아 전문기자인 에머슨 채핀(Emerson Chapin) 씨의 주재로 주로 아시아 문제 전문가들이 모인 회합에 참석해서 연설하고 질의응답을 가졌다.

3. 저녁에는 컬럼비아대학교 동아시아연구소(East Asian Institute)의 소장인 제임스 몰리(James Morley) 교수와 한국 문제 전문가인 게리 레드야드(Gari Ledyard) 교수가 주최한 만찬에 참석했다. 이 자리에서 한국 문제에 대한 토론이 있었다. 몰리 교수가 "미국민은 지금 시비(是非)보다 솔직히 말해서 아시아나 한국에 지쳤다"고 한 이야기는 사실을 바로 말해 준 것이다. 박정희 대통령의 거듭된 실망된 조치로 미국은 한국에서의 조기 철군과 원조 삭감의 국민 여론이 높아질 것이며 행정부도 이를 변설(辯說)하지 못할 것이다. 어쩌면 행정부도 군 현대화 5개년 계획의 무거운 짐을 벗는 데 절호의 구실을 얻은 셈인지도 모른다.

4. 이번 방미 중 뉴욕에 네 번째 와서 뉴욕힐튼호텔(New York Hilton Hotel)에 투숙했다. 밤에 최석남 장군, 장석문 대령 그리고 조창현 박사의 남동생인 조광남이 와서 같이 늦게

까지 이야기했다. 지난번 뉴욕에서의 연설의 성과가 대단히 좋은 모양으로 그들의 사기가 크게 높아지고 고조되어 있다고 한다. 미스터 조는 매우 똑똑한 청년으로 마음에 들었다.

12월 21일 목요일, 뉴욕 → 워싱턴 D.C.

1. 오후 4시 셔틀로 조 박사와 같이 워싱턴 D.C.에 도착했다. 나의 명예박사 학위 취득 및 앞으로의 계획 등에 대해서 여러 가지로 제안해주었다.

12월 22일 금요일, 워싱턴 D.C.

1. 저녁 7시 반부터 성호 군 집에서 워싱턴 D.C. 거주 유지 친우들을 초대하여 특별 만찬을 가졌다. 강영훈, 김웅수, 안홍균, 이 박사, 이주성 씨 부부, 미스터 박(안정순 씨 남편) 등 약 20명이 참석하여 조국의 민주주의 회복과 협력 방도에 대해서 진지하게 논의하여 밤 1시경 끝났다. 이근팔* 씨가 차편을 도와주었다.

2. 11시에 흑인 칼럼니스트인 칼 로완(Carl Rowan) 씨를 만났다. 바빠서 충분한 이야기는 못 했으나 앞으로 나의 팸플릿을 보고 글을 쓰도록 하겠다고 약속했다.

---

* 이근팔(1924-2022). 외교관 출신이며 김대중의 처남인 이성호와 가깝게 지내다 김대중을 알게 되었다. 김대중은 이근팔을 신뢰하여 1, 2차 미국 망명시기에 비서실장 역할을 맡겼다. 이근팔은 김대중 1, 2차 망명시기 자료와 미국을 중심으로 한 해외 민주화운동과 관련한 방대한 자료를 오랜 기간 보관하고 있다가 2005년 연세대학교 김대중도서관에 기증했다. 이중에서 김대중 관련 자료는 이근팔이 유일하게 소장하고 있었다는 점에서 가치가 매우 크다.

3. 이근팔 씨에게 내가 쓴 "한국의 상황과 나의 신념"이라는 팸플릿을 전 미국 내의 정치학자 약 90명에게 발송해줄 것을 부탁했다.

12월 23일 토요일, 워싱턴 D.C. → 마이애미(Miami)

1. 점심때 김영진 박사와 식사를 같이 했다. 그는 미국 내 학자 가운데 가장 우수한 인사 중의 하나로 국방부 관계 일도 하고 있다. 워싱턴 D.C.의 한 대학에서 교편을 잡고 있다. 며칠 전 한국에 다녀왔다고 하며 여러 가지 이야기 끝에 의기투합하여 앞으로 적극 도와주기로 했다. 나는 그의 질문에 답하며 미국 내 학자는 두 가지 임무, 즉 하나는 미국의 정책과 여론을 움직이는 것, 둘째는 장차 귀국 또는 민주 정권이 섰을 때의 준비 차원에서 통일의 구체적인 방안 즉 정치적 통합, 경제적 통일, 사회적 동질화 방법을 연구하는 것이라고 말하고 그렇게 해줄 것을 부탁했다.

2. 5시 반 비행기로 마이애미에 와서 도심에 있는 홀리데이여관(Holiday Inn)에 투숙했다. 다운타운이나 마이애미 해변에서 너무 멀어서 아주 불편한 곳이나 지금은 시즌이라 달리 시내에 숙소를 구할 방법이 없는 것 같다. 여기에서 2, 3일 쉬면서 조용히 장래의 일을 생각해보겠다. 사실 지금 본국에 돌아가야 하는지 해외에 있어야 하는지 확실한 판단을

내릴 수가 없다. 물론 도쿄에 가서 여러 가지 자세한 정보를 얻어야 최종 결단이 내려지겠지만.

3. 폰테인블루호텔(Fontainebleau Hotel)에서 앤 마그렛(Ann Margret)의 쇼를 보았으나 별로 신통치가 않다.

12월 24일 일요일, 마이애미

1. 오후 늦게까지 자고 시내를 구경했다. 참으로 아름다운 남국 풍경이다. 특히 바다가 좋다. 광대한 대서양. 저 바다같이 넓은 도량과 안목을 갖고 무서운 저력을 간직하면서 운명의 도전에 대처해나가자.

2. 오늘 크리스마스이브에 예수님의 성탄을 축하 올리자! 자기의 신념과 인류에의 사랑을 위해서 십자가의 악형을 피하지 않으신 주님의 뜻이 오늘의 타락하고 제도화한 교회의 재생을 통하여 다시 온 누리를 구출할 수 있기를 빈다. 한국의 천주교회와 모든 성직자 그리고 교인들이 하느님의 뜻에 충실하도록 기도한다.

12월 25일 월요일, 마이애미

1. 오늘 숙소를 콜린스거리(Collins Avenue)에 있는 브라질호텔로 옮겼다. 지금 시즌이라 호텔은 모두 만원으로 겨우 얻었는데 퍽 불결하다. 밤에는 가이드를 얻어 여기저기 구경했다. 도쿄 그리고 한국 가는데 마지막 인생을 즐기는 것 같은 심정도 있는데 스스로 두렵다는 생각이 든다.

* 지금 이 시간에도
  폭정 속에서 신음하는 동포가 있고
  불안 속에 떠는 가족과 동지들이 있음을
  잊지 말자!

* 주여,
  조국과 동포들을 구출하기 위하여
  저에게 용기와 지혜를 주시고
  승리에의 축복을 주시옵소서.

12월 26일 화요일, 마이애미 → 워싱턴 D.C.

1. 오후 2시 반 비행기로 마이애미를 떠나서 워싱턴 D.C.로 돌아왔다. 이번 여행은 기분 전환이 되었으며 처음으로 미국인과의 6시간 단독 접촉을 통하여 회화에도 많은 경험을 얻었다. 나는 마이애미의 좋은 경치에 다시 한번 크게 감탄했으나 개인 숙소의 고급주택지 섬에 들어갈 수 없었던 것은 미국 사회에서 있을 수 없는 일로서 내게 나쁜 인상을 주었다.

2. 저녁에 미스터 박(안정순) 댁에서 식사를 주어서 성호 부부, 이근팔 씨 등과 같이 가서 식사를 했다.

3. 마이애미에서 오는 비행기 안에서 나의 이미지 형성과 장래 목표를 다음과 같이 발전시키기로 정리했다.

＊ 나의 이미지는

　1) 신념에 차고

　2) 관대하고

　3) 멋이 있게

＊ 나의 장래는

　1) 믿고 행동하면 그렇게 된다.

　2) 뜻이 있는 곳에 길이 있다.

　3) 나는 집권하여 대중민주 체제를 실현하고

　　　나는 남북의 평화공존, 평화교류,

　　　평화통일을 실현하고

　　　나는 통일 조국을

　　　세계 대국의 반열에 끌어올리며

　　　나는 세계의 새로운 내일의 방향을 위하여

　　　미래상을 제시하며

　　　나는 약소국과 불행한 인류의

　　　권리를 위한 지도자가 된다.

12월 27일 수요일, 워싱턴 D.C.

1. 지난 23일 한국에서 실시된 소위 통일주체국민회의의 대통령 선거에서 박정희 씨의 연설 도중 국기봉이 쓰러져 파괴되었다는 내용을 『워싱턴포스트』지가 보도하고 있다. 한국 정부는 라디오나 TV에서의 보도금지를 했을 뿐만 아니라 사진기자의 사진까지 모조리 압수했다고 한다. 그러나 이 소식은 구전으로 널리 국내에 퍼지고 있는 것 같다. 물론 이것 자체에 특별한 의미를 부여하기는 어렵다고 해도 1960년에 이기붕 씨의 부통령 당선을 선포할 때 이를 선언하는 의사봉이 부러졌는데 곧이어 4·19 혁명이 일어났던 사실을 상기할 때 박정희 정권이나 국민에게 준 심리적 영향은 각기 다른 대로 큰 것이 있을 것이다. 사실 한국에서는 악한 일이 너무도 오래가고 있다. 주님의 벌이 내릴 때가 오기도 했다.

2. 보스턴에 있는 이봉호 박사가 보내온 12월 21일 자의 『크리스천 사이언스 모니터』지의 미스 캐셀베리(Casselberry) 기자의 기사를 보면 라이샤워 교수와 헨더슨 교수가 한국

의 현실을 통렬히 비판하면서 "박정희 씨는 위험한 길을 가고 있으며 미국은 지금 주한미군의 철수 그리고 경제 원조의 중단까지 걸고 박정희 씨의 독재를 막지 않으면 안 된다"는 주장을 하고 있다. 이러한 주장이 널리 읽히기를 바라는 마음으로 우선 미국 내 각 교수들에게 보내는 나의 팸플릿에 동봉했다.

3. 점심을 이주성 씨 내외, 성호 내외와 같이 했다. 이주성 씨는 항구적인 조직체의 필요를 거듭 말한다. 내외가 모두 지극한 정성이라 고마웠다. 당초 이주성 씨 부인으로부터 한국 경제 실정에 대한 IMF의 시각 및 판단에 대해서 듣고 싶었으나 환경이 여의치 못해 유감이었다.

4. '서울팰리스'(Seoul Palace)를 운영하는 정재욱 씨 내외가 와서 저녁을 같이 했다. 부인은 화학 분야 전공 박사이며 상당한 실력을 갖고 있다. 정재욱 씨는 퍽 기상이 활달한 편으로 잘 조화를 하면 상당한 일을 할 사람이다.

12월 28일 목요일, 워싱턴 D.C.

1. 아침에 '미국의 소리'(VOA)에 있는 김용호 씨가 와서 식사를 같이 했다. 여러 가지를 종합해보면 한국 정부가 북한과의 접촉 내용을 미국 정부에 상세하게 알려주지 않은 관계로 미국 정부는 이에 대해 불편한 생각을 갖고 있으며 특히 양국 정보기관(CIA)의 관계는 과거보다 좋지 않은 것으로 보인다. 또한 KBS와 CBS가 '미국의 소리' 중계도 단절해버려서 오키나와(沖繩)에서 중파(中波)로 보내고 있다고 한다.

2. 강영채 박사가 나의 논설과 기타 내용을 종합해서 책을 내겠다고 하는데 과연 미국에서 잘 팔릴 수 있을지 모르겠다. 일본에서 진행 중인 『무궁화여 영원히』는 1월 초에 나올 모양인데 이는 상당히 팔릴 것이 예상된다.

12월 29일 금요일, 워싱턴 D.C.

1. 저녁에 송영신 기자 댁에 초대되었다. 조세형, 홍성원 기자도 동석했다. 모두 나라의 현실을 한탄하는 입장이다. 나의 장래와 관련하여 참석자들은 지난 27일부터 시작된 정치활동 재개의 자세한 내용을 보아야 판단할 수 있지만 원칙적으로는 귀국해서 야권의 대열에 서되 지금과 같은 국회에는 들어가지 않는 것이 좋겠다는 견해를 밝혔다.

지금 나는 결단의 시기에 있다. 본국으로 들어갈 것인가? 해외에 당분간 머무르며 민주회복을 위한 투쟁을 계속할 것인가? 국내에 들어가도 야당다운 활동이 불가능하고 잘못하면 생명까지 잃을 것이니 들어가서는 안 된다고 말하는 교포가 많다. 그들은 해외에서 할 일이 너무도 많다는 것이다. 그러나 한국에서 정치활동을 해왔던 나의 입장에서는 국민과 오래 떨어져 있을 수도 없는 처지다. 또 국회의원 선거를 앞두고 국민과 옛 동지들이 나를 필요로 한다면 내가 그들을 버릴 수 있을까? 아무튼 일본까지 가서 본국의 자세한 상황을 본 연후에 1월 중순까지 결단을 내리겠다.

12월 30일 토요일, 워싱턴 D.C.

1. 『뉴욕타임스』에 기고할 원고를 작성하여 강영채 박사에게 번역을 맡겼다. 할 말은 많고 700단어 이내로 줄이는 일이 힘들었다. 강영채 박사의 번역은 퍽 간결하고 요점을 잘 정리하여 잘된 것 같다.

2. 오후 3시에 이주성, 안홍균, 이성호 3인과 워싱턴 지역을 포함한 전(全) 미주 지역 조직에 관한 내용을 협의했다. 안홍균 씨가 좀 소극적이나 김응창 씨와 기타 열성 인사들을 합치면 일을 하는 데에는 아무 지장이 없을 것이다. 핵심은 지도적 구심점이 문제인데 김웅수 장군이 어느 정도의 열의로 지도해줄지가 문제다.

3. 뉴욕에서 장석문 씨가 와서 여러 가지를 이야기했다. 그의 판단은 이 정권이 결코 오래갈 수 없다면서 특히 군 내의 취약점과 갈등, 즉 CIA와 CIC를 예로 들었다. 정규 사관학교를 나온 재미(在美) 예비역만도 약 80명이라 한다.

4. 성호 군 댁에서 식사하며 이주성, 김웅창 씨 등과 조직에 관한 내용을 계속 협의했다. 미세스 이가 IMF에서 부서장(Division Chief)이 된다고 한다. 여자로서는 두 번째다. 퍽 고맙고 자랑스러운 일이다.

12월 31일 일요일, 워싱턴 D.C. → 호놀룰루(Honolulu)

1. 12시에 유나이티드 항공(United Airlines)으로 호놀룰루를 향해서 출발했다. 공항에는 이주성 씨 내외, 강영채 박사 내외, 유기홍 박사, 이근팔 씨, 민택 모(母), 정기용 군, 한광년 씨 등이 환송을 해주었다. 지난 11월 13일에 도착해서 꼭 50일 동안 미국에 체재한 성과는 매우 컸다.

국회가 휴회 중이고 연말 그리고 신정부 출범 전의 정치적 휴식기임에도 불구하고 나는 최선을 다해서 노력했다. 이런 노력의 결과 상당한 영향도 주었으며 장래를 위한 씨도 뿌린 것이다. 또한 앞으로 귀국하지 않고 다시 미국에 오면 큰일을 할 수 있는 경험도 얻었다. 나의 개인적 성장에도 큰 도움이 된 것 같다. 무엇보다도 내가 감사하는 것은 몸이 건강했으며 아무런 사고 없이 그리고 정신적 안정 속에서 이 시간을 지낸 점이다.

＊주여!

그동안 보살펴준 은혜를 감사하오며

이러한 주의 은총에 보답하기 위하여

앞으로 더욱 열성과 성실로

우리 불행한 동포들을 위해 노력하겠습니다.

미국에 와서 한 일
1. 만난 중요 인사
   1) 에드워드 케네디 상원의원, 제이콥 재비츠 상원의원, 존 머피 하원의원(뉴욕)
   2) 에드윈 라이샤워 하버드대학교 교수, 제롬 코헨 하버드대학교 교수, 그레고리 헨더슨 터프츠대학교 교수, 윌리엄 번디 『포린어페어스』 편집장, 아서 도크 바넷 브루킹스 연구소 선임 펠로, 르로(Llogh), 헬퍼린(Helperin), 제임스 몰리 컬럼비아대학교 동아시아연구소장, 게리 레드야드 컬럼비아대학교 교수, 미주리 3개 대학 교수들
   3) 『뉴욕타임스』지 존 오크스 편집장, 브라운 논설위원, 제임스 그린필드 외신부장, 『타임』지 외신부 차장 브라이언트, 『워싱턴포스트』지 논설위원 존 앤더슨, 잭 앤더슨

(칼럼니스트), 칼 로완(칼럼니스트), 리치(Rich)
  4) 마셜 그린 국무부 차관보, 도널드 레나드 국무부 한국
     과장

2. 연설
   1) 미주리대학교 2) 웨스트민스터대학교 3) 센트럴메소디스트대학교 4) 미국기독교교회협의회 5) 뉴욕 지역 교포 6) 워싱턴 D.C. 지역 교포 7) 보스턴 지역 교포 8) 미주리주 컬럼비아 지역 교포 9) 세인트루이스 지역 교포

3. 신문 보도
   『뉴욕타임스』 기고, 『크리스천 사이언스 모니터』, 『컬럼비아 데일리 트리뷴』(*Columbia Daily Tribune*)

4. 문서
   1) 일본 외신기자클럽 연설문 배포
   2) 한국의 상황과 나의 신념(국무부, 상·하원의원, 언론인, 학자, 한국인 학자, 교포) 약 500부

1973년 1월

"주여,
불행 속에 신음하는
우리 국민과 동지들과
가족을 돌봐주시옵소서."

1월 1일 월요일, 호놀룰루

"당신에게 닥친 문제는 사라질 것이고
미래는 당신에게 미소 지을 것이다."
(Your trouble will cease and future will smile upon you.)
- 1972년 12월 10일 세인트루이스 '상하이'에서

＊ 이해는 과연 나 개인이 아니라
  나의 경애하는 국민의 고난이 가시고
  그들에게 운명의 미소가 도래하는 해가 되기를
  주님께 축원한다.

＊ 믿고 행하면 그대로 된다.
  뜻이 있는 곳에 길이 있다.

＊ 태평양의 이 섬에서 바다의 파도 소리와
  빛나는 태양을 보면서 1973년을 맞이했다.

이해는 나의 조국의 민주주의 회생을 위해서,
남북통일의 장래를 점치는 데 있어서,
나의 정치적 장래와 현재의 위치를
설정하는 데 있어서
중대한 기로가 될 것이다.
이해의 나의 책임은 더욱 중차대해질 것이며
대한민국의 전 국민은 나에게
그들의 한 가닥 희망을 걸고 있는 것이
결코 과장이 아니라는 점을 명심해야 한다.
나의 앞으로의 구체적인 처신은
일본에 가서 정할 것이나
원칙은 어디까지나 민족의
미증유의 고통과 사경에 신음하는 민주주의를
다시 회생시키는 길이
무엇이냐는 데 판단점을 두고
결코 사적 편의나 공포에
흔들리지 말아야 한다.

* 나는 억지로 주장하는 것이 아니라

　과학적 근거를 가지고

　또 역사의 필연성에 근거해서

　박정희 정권의 필멸(必滅)을 확신하며

　나의 승리가 있을 날을 위해 대비해나갈 것이다.

　절대적 독재는 절대적으로 부패하고

　부패는 경제파탄을 가져오고

　경제파탄은 사회불안과 정치의 파멸을

　초래하고야 말 것이다.

* 성호 군과 같이 비행기를 타고

　카우아이섬을 구경하고

　'콜로팜'(Colo Palms) 레스토랑에서 식사를 했다.

　해변 경치와 야자나무가 퍽 아름다웠다.

　관광객의 가족 중 홍업과 꼭 닮은 소년이 있어서

　가족 그리운 심정이 무척 컸다.

1월 2일 화요일, 호놀룰루

1. 하와이는 온통 일본인 천지다. 80만 인구 중 20만이 넘는 데다 관광객이 수만 명씩 몰려와서 일본의 힘을 절감한다. 어디에 가나 나를 일본인으로 취급한다. 우리도 언제 우리나라를 떳떳하게 내세울 수 있을 것인가. 감상에 젖게 된다.

2. 일본 김종충 씨에게 연락하여 3일 출발과 호텔방 예약을 부탁했다.

3. 오후에 파라다이스 가든에 가서 새 공연(bird show)과 정글을 구경했다. 새의 훈련으로 여러 가지 재주를 부리게 한 인간의 집요한 노력과 애정은 우리에게 인생의 적절한 교훈이 될 수 있다는 생각을 하게 되었다.

4. 성호와 동업이며 전에 인도네시아 여행을 같이 했다는 쿠란치(Kuranci) 부부의 초청으로 저녁을 하고 그의 집까지 갔다. 부인이 일제(日帝) 때 잠시 이리*에 있었던 분으로 내외가 퍽 친절히 대해주었다. 하와이에 거주하는 일본계 미국인들은 모두 미국 시민임을 자랑으로 생각하며 특히 3세대쯤 되면 거의 일본어도 못 하고 미국을 욕하면 화를 낸다고 한다. 미국 사회의 신비스러운 동화력을 절감한다. 세계 각국의 인종이 모여서 모두 미국을 사랑하고 미국 민족은 없어도 그들의 애국심은 도저히 단일민족이 따라갈 수 없다. 그들은 미국 사회의 자유와 정의를 자랑으로 여기고 있다.

5. 워싱턴 D.C.에 전화해서 조세형 씨에게 한국 소식을 물어보았다. 정치활동 재개로 야당 정치인들의 움직임도 시작되어 양일동 씨는 신당을 만든다고 하며 유진산 씨는 신민당수로서 다시 등장하는 모양이다. 김종필 씨가 트루먼 전 대통령 추도식 참석차 4일에 미국에 오며 박정희 정권 내에서 나에 대한 입장에는 양론(兩論)이 있다고 한다.

---

* 이리는 익산의 과거 명칭이다.

1월 3일 수요일, 호놀룰루

1. 오후 4시 노스웨스트 항공(Northwest Airlines)으로 도쿄로 향하기로 결정하고 노스웨스트 항공의 하와이 매니저인 반 오들린(Van Odlin) 씨가 공항에 나가서 특별히 라운지에 태워주었는데 좌석 관계로 내려서 7시 30분 비행기를 타게 되었다. 퍽 불유쾌했으나 방도가 없었다. 나와 같은 입장에서 동행하게 된 일본인 소녀가 또래 어린아이에 비해 너무 똑똑해서 일본 민족의 진가를 새롭게 인식한 면이 있었다.

1월 4일 목요일, 도쿄

1. 일부변경선(日付變更線)* 등의 관계로 호놀룰루에서 도쿄까지의 비행 시간은 9시간인데도 28시간 뒤인 4일 밤 11시 반에 비행기는 하네다(羽田)공항에 도착했다. 그런데 뜻밖에도 워싱턴 D.C.에서 일본대사관까지 가서 확인한 비자가 이미 사용된 것으로 판명되어 나는 무비자 입국자가 되고 말았다. 길은 7시간 체류하고 서울로 가느냐? 아니면 법무대신의 심사를 받아서 단기 체류를 허가받느냐? 두 가지인데 후자는 희망이 적다는 것이다. 가뜩이나 여권 기간도 2월 17일로 가까이 다가오고 박정희 정권이 언제 취소할지 모르는 판에 큰 걱정이다. 좌우간 심사받기로 하고 호텔 내에만 있는다는 조건으로 도쿄프린스호텔에 투숙했다.

2. 공항까지 나와준 김종충 형과 다이마루 군과 같이 호텔에 와서 그동안 와 있는 본국의 아내와 홍일, 이용희, 한화갑, 김옥두, 김경광 씨 등의 편지를 읽었다. 모두 너무도 고생

---

* 날짜변경선.

을 한 것 같다. 국민들의 비분(悲憤)은 내가 이미 짐작한 대로다. 아내의 글을 읽을 때마다 존경과 감사의 생각이 더해진다. 홍일이의 편지에 자식 잘 둔 행복을 느꼈다. 이렇게 되어도 나의 주위에서 큰 배신자가 나오지 않은 것은 감사한 일이다. 아직 불충분하지만 본국은 내가 들어갈 형편도 아니고 들어가도 아무것도 할 수 없는 상태가 된 것 같다. 선거법에 찬조연설도 못 하게 해버렸고 야당 인사들에게 나와 동조하지 못하도록 하고 있다.

1월 5일 금요일, 도쿄

1. 최서면 씨를 오시게 해서 여러 가지 협의 끝에 일절 정치적 색채 없이 은밀히 비자 문제를 처리하기로 하고 최 형이 잘 아는 입국관리국의 간부를 통해 특별 상륙허가를 받기로 했다. 오후에 최 형과 같이 입국관리국 하네다사무소의 상륙심사과에 가서 마에다외과병원(前田外科病院)이 나의 위에 문제가 있어서 1개월 치료가 필요하다는 내용으로 발급한 진단서를 제출하고 선처를 요망했다. 퍽 친절히 해주었다. 동향인(同鄕人)인 박병문 씨가 의사인데 같이 가서 진단서를 얻어주었다. 모두 감사하다. 가네야마 마사히데 전 주한 대사는 신분 보증인이 되어주었다. 최서면 씨의 능력은 전부터 알고 있지만 경탄할 만하며 나에게는 그에게 미치지 못한 점이 너무도 많다.

2. 『마이니치신문』의 이시카와 쇼 부부장이 걱정해주었다. 그는 저녁에 와서 나의 신상과 한국 문제 등에 관해서 오랫동안 이야기했다. 그가 원고를 정리하고 있는 나의 저서 『무궁화여 영원히』는 아직도 원고가 완결되지 않은 상태라고 한다.

1월 6일 토요일, 도쿄

1. 아침에 가네야마 마사히데 전 주한대사(현 국제공동연구소장)를 찾아가서 인사했다. 키우치 노부타네 회장도 만났다. 최서면 형이 동석했는데 그는 키우치 회장을 그의 한국연구원의 이사장으로, 가네야마 전 주한대사를 업무이사로 같이 일하고 있는 것이다.

2. 오후에 입국관리국에 가서 정식으로 1개월 특별 상륙허가를 얻었다. 오히려 전화위복이 되었다. 이유는 보통 임시허가가 될 경우 15일밖에 체류가 안 되는데 나는 1개월의 허가를 얻었기 때문이며 또한 나는 관용 여권을 갖고 있어서 미국에서 한국대사관의 추천이 있어야만 입국 비자를 얻을 수 있는데 추천이 될 리가 없기 때문에 일본에 오지 못할 뻔했으나 결국 일본에 올 수 있었기 때문이다. 신년부터 재앙이라 생각했는데 정반대다. 인생만사 새옹지마라는 옛말이 이 경우 너무도 적중한 것이다. 더욱이 오늘 나의 생일인데 큰 선물이 되었다.

3. 아침 식사를 하다가 집에서 나의 생일 걱정을 하고 있는 모습을 생각하니 갑자기 눈물이 쏟아진다. 스스로 나에게 나보다 더 불행한 수많은 국민을 생각하도록 꾸짖었다. 저녁에 최서면 형이 자신의 집에서 생일 잔치를 해주고 생일 축하 노래(Happy Birthday to you)를 불러주었다. 야지마 킨지(矢島鈞次) 도쿄코교대학 교수가 동석했다.

1월 7일 일요일, 도쿄

1. 종일 호텔에서 책을 읽다가 저녁에 김종충 형이 자신의 집에서 나의 생일 축하연을 해주었다. 양준용 씨가 동석했다. 김 형의 은혜와 우정을 무어라 표현할 길이 없다.

    * 항시(恒時) 고난 속에서 신음하는
       국민을 잊지 말며
       나를 걱정하는 가족을 잊지 말자!

1월 8일 월요일, 도쿄

1. 양준용 씨가 와서 앞으로 일본과 미국이 연락해서 민주투쟁 하는 문제를 협의했다. 일본의 애국동포들이 나의 입국 후의 신변을 크게 걱정하고 있다는 것이다.

2. TBS-TV의 뉴스부 키타다이 부부장을 만나서 본국에서 온 편지를 받았다. 아내의 것 외에 홍일, 대의의 것도 있다. 김상현, 조윤형, 조연하, 김한수, 이세규, 홍영기 씨 등이 구속되었다고 한다. 목표는 주로 나와의 관계라 한다. 아내와 홍일이의 굳은 결의와 격려에 새삼 결심을 굳게 했다.

1월 9일 화요일, 도쿄

1. 낮에 우에노병원(上野病院)에 가서 진료를 받았다. 우선 나타난 것은 신장이 좀 나쁘다는 것. 혈액검사 결과는 내주(來週) 화요일에나 알 수 있다고 한다. 박권희 씨가 경영하는 병원이며 같이 점심 식사를 하면서 한국 사태에 대해서 이야기했다. 양준용 씨 동석.

2. 저녁에 나가타초(永田町)의 '잇키'(一季)라는 식당에서 최서면 형, 『마이니치신문』의 미요시 오사무 편집고문 등과 식사를 하면서 한국 사태에 대해서 토론했다. 두 사람 모두 머지않아 한국에 간다고 한다. 일본 신문의 한국 사태 보도의 불성실을 지적했으며 미요시 편집고문은 일본 신문의 비굴성을 개탄했다. 그는 나에게 원칙을 견지하되 방법을 중시하여 현실정치에서 이겨낼 것과 작은 문제를 너무 거론하지 말라는 등의 좋은 충고를 했다.

1월 10일 수요일, 도쿄

1. 낮에 자주민단의 조활준 씨가 찾아와서 여러 가지 이야기를 했는데 그중에서 재일교포가 해야 할 일을 논의했다.
   1) 자주민단, 통협(統協), 한청(韓靑) 등이 종래의 일본 내 위주의 투쟁에서 이제는 본국 민주화 투쟁의 전초기지로서의 임무를 맡는 것으로 방향의 재정비를 할 것.*
   2) 미국 등 해외조직과의 연대화에 노력할 것.
   3) 참된 통일은 본국의 민주화가 이뤄진 뒤에만 가능하다는 것을 인식하고 본국 민주화와 국토통일을 일체화할 것.

   등을 제시하고 동지들의 검토를 요청했다.

---

* 자주민단은 박정희 정권의 독재에 반대하는 민단 내 민주화 세력을 뜻한다. 통협(민통협)은 1972년 7·4 남북공동성명 이후 통일문제를 본격적으로 제기하기 위한 목적으로 재일교포 사이에서 조직된 민족통일협의회의 약칭이며 민단 민주화 세력의 대표적인 인물인 배동호가 리더였다. 한청은 민단 산하의 청년 조직으로서 재일한국청년동맹의 약칭이다.

2. 줄리(Julie) 문*이 한국에서 미국으로 가는 도중에 도쿄에 들렀기에 만났다. 워싱턴 D.C.에서 나를 만났다는 혐의로 세 번 중앙정보부에 불려갔다고 한다. 서울은 80퍼센트 이상의 시민이 침묵 속에 전전긍긍하고 있다 한다. 내가 입국하면 희생될 것은 명백하다는 것이다.

3. 저녁에 TBS-TV의 키타다이 부부장 그리고 이번에 한국에 다녀온 나카무라 요시스케(中村欣資) 씨와 같이 식사를 했다. 역시 나에 대한 신경이 이만저만이 아니며 김대중계 인사들에게 나와 행동을 같이하지 않는다는 서약을 받고 있다는 것이다. 한국에서는 지금 국민들 사이에 "모든 것이 김대중이 말한 대로다. 남북교류도 그렇고, 향토예비군 폐지도 그렇고(훈련중지), 영구집권의 총통제도 그렇다. 그는 영웅이요 선각자였다"는 말이 파다하다고 한다. 나의 귀국에는 양론(兩論)이 있다 한다. 아내를 만나고 왔는데 아내는 귀국 중지를 바란다는 것이다.

---

* 문명자 기자.

4. 김종충 형과 밤늦게까지 협의했다. 아무래도 당분간 해외에서 활동하는 것 외에는 별도리가 없겠다는 결론이다. 지금까지 모든 상황을 종합해보면 만일 내가 그동안 국내에 있었으면 저들이 나를 말살하는 극악의 음모를 자행했을 것만은 분명하다. 물론 지금 귀국하면 마찬가지일 것이 분명하다. 천주님께서 나에게 큰일을 맡기시고자 그리고 우리 국민의 소리를 세계 자유인민들에게 알리게 하시고자 특별한 배려를 한 것이 아닐까.

1월 11일 목요일, 도쿄

1. 윤재수 씨가 와서 같이 중식을 했다. 머지않아서 본국에 간다는 것이다. 그러나 윤 형은 한국인이기 때문에 그의 안전을 위해서 그를 통해 집에 편지를 보내지 않기로 했다. 용돈을 주어서 감사히 받았다.

2. 민족통일협의회의 배동호* 수석의장을 만났다. 그도 남한의 민주화 없이는 통일이 없다는 원칙에 전적으로 찬성이다. 앞으로 일본과 미국의 교포들이 본국 민주화의 주력부대가 되어야 하며 지금이야말로 "본국 혁명의 책임은 화교에게 있다"고 한 쑨원(孫文) 선생의 교훈을 음미할 때라는

---

* 배동호(1915-89). 재일 한인 민주화운동에서 핵심적인 역할을 한 인물이다. 독재정권 시기 민단 민주화운동을 전개하다 1971년 7월 민단에서 제명되었으며 1972년 8월 민족통일협의회를 결성하고 수석의장으로 활동했다. 배동호는 1973년 7월과 8월 김대중과 재일 한인 운동가들 사이의 반독재 민주화운동 조직 결성 논의과정에서 김대중의 원칙이 관철되도록 하는 데에 중요한 역할을 했다. 김대중은 1971년 1월 하순 도쿄에서 양일동의 소개로 처음 배동호를 만났으며 그 이후 일본에 갈 때마다 만날 정도로 망명 이전부터 잘 알고 지냈다.

나의 주장에 전적으로 공감했다. 다만, 내가 걱정되는 것은 그들이 혹시 북한 공산당의 입장에서 이러한 일을 하고 있지 않으냐 하는 점이다. 특히 주의해야 한다.*

3. 저녁에 『아사히신문』의 오모리 부주간과 만났다. 그의 우정에 특히 감사해 마지않는다. 그는 나의 입국을 극력 말리면서 자기가 가능한 모든 일을 하겠다면서 스스로 애써준다. 오히라 외상과의 면담, 『아사히저널』과의 인터뷰 그리고 같은 회사의 사토 요시후미(斎藤吉史) 외신부장과의 면회 등 수고를 아끼지 않는다.

---

* 민단 자주파인 재일 한인 민주화운동 세력의 영향력이 강해서 이들에 대한 용공음해가 많이 이뤄졌다. 김대중이 일본을 방문할 때 대사관으로부터 이와 관련된 정보 보고를 받을 정도였다. 일본은 공산당이 합법적으로 활동하고 있고 조총련이 존재하기 때문에 김대중은 반독재 민주화운동 세력에 대한 박정희 정권의 정치공작 가능성이 높다고 판단했다. 김대중은 이러한 점을 감안하여 나중에 이들과 함께 한민통 일본본부를 결성할 때 선민주-후통일 노선과 조총련과의 공동행사 금지 원칙을 관철시켰다.

1월 12일 금요일, 도쿄

1. 아침 호텔에서 『마이니치신문』의 이시카와 쇼 부부장과 식사를 같이 하면서 일본 신문의 자세와 영향력에 대해서 논의했다. 일본 신문이 중국, 북한, 대한민국 등에서 진실을 쓰는 것을 기피하고 정부의 비위를 맞춰온 결과 지금 일본 신문에의 존경과 신뢰도가 크게 상실되었다는 사실을 지적했다. 그리고 신문에의 불신은 지난 선거에서 대중매체가 그토록 떠든 중국 문제가 표로 나타나지 않았으며 '이마타이코'(今太閤)라고 떠든 다나카(田中)* 붐(boom)도 표가 안 된 점 등은 일본 국민의 자주적 판단을 입증한다는 점에서 좋은 면도 있지만 신문 입장에서는 자기의 영향력을 반성해야 한다는 점을 지적했다. 또 한국에서 발생하고 있는 언론인에 대한 고문, 불법체포 등을 자기 자신의 일로 생각하고 분노를 느껴야 한다는 점도 지적했다.

---

* 김대중 1차 망명시기 일본의 총리였던 다나카 가쿠에이는 '이마다이코' 즉 지금 시대의 태합(도요토미 히데요시)이라고 불렸다.

2. 저녁에 『주오코론』의 오카다 편집차장과 나카이 편집자 두 분이 와서 식사를 했다. 오카다 편집차장은 『주오코론』 1월호에 게재된 나의 기고문에 대한 평가가 매우 좋다고 말했다.

1월 13일 토요일, 도쿄 → 미토(水戶)

1. 『타임』지의 미스터 장이 와서 같이 아침 식사를 했다. 나를 위해 도우려고 매우 애를 써주어 고맙기 그지없다.

2. 점심에 무사시 마사미치 후지건설(富士建設) 사장이 최서면 씨와 같이 와서 식사를 했다. 그는 호텔비를 부담하고 있음에도 불구하고 용돈까지 주면서 "당분간 한국에 돌아가서는 안 되고 지금 가면 개죽음밖에 없다"고 매우 강력하게 충고를 해준다. 후의에 깊이 감사했다.

3. 박권희 씨의 초대로 요시카와(吉川) 군을 데리고 미토시(水戶市)에 가서 '다케하'(竹葉)라는 여관에 자리를 잡았다. 그는 북과의 협조 시에 통일 추진을 이야기했다. 나는 그에게 당연히 북과 대화 협조 시에 통일해야지 누구와 이야기하느냐? 단 한국 통일에는 다음의 사항을 명백히 하고 싶다고 입장을 밝혔다.

1) 나의 입장은 공산주의자가 될 수 없다. 나의 이념도 다르고 나를 지지하는 국민도 공산주의자가 아니다.
2) 남한에 민주정부가 서지 않는 한 통일은 없다. 박정희 씨는 통일을 원하는 것이 아니다.
3) 통일은 남북이 통일 전까지 공존을 보장할 진심과 구체적 다짐이 있어야 한다.
4) 이번 박정희 씨의 폭거와 통일세력 탄압을 북에서 묵과하고 같이 보조를 맞춘 사실은 이해할 수 없다는 것이 국내의 뜻있는 인사의 공통 심정이다.

1월 14일 일요일, 미토

1. 아침에 미토시에 있는 가이라쿠엔(偕樂園)을 구경했다. 매화로 유명한 일본 3대 공원의 하나라는 것이다. 에도(江戶) 막부 말기의 미토번주(水戶藩主)인 도쿠가와 나리아키(德川齊昭)라는 이가 국민과 같이 즐기기 위하여 이 공원을 만들었다는 것이다.

2. 요코다 사장이 보내준 요시카와 군은 퍽 충실하고 작은 일에까지 신경을 써주어서 고맙다.

   * 나를 위해
   매일 기도하는 가족과 벗을 생각하며
   나에게 최후의 희망을 걸고 있는
   국민들을 잊지 말자!

1월 15일 월요일, 도쿄

1. 『아사히신문』의 『슈칸아사히』 오카이 데루오 부편집장이 저녁에 와서 같이 한국 사정에 대해서 이야기했다. 그는 나의 귀국에 대해서 8 대 2로 당분간 정관(靜觀)하는 것이 좋겠다는 뜻을 밝혔다.

2. 『마이니치신문』의 『이코노미스트』(エコノミスト)와 『아사히신문』의 『아사히저널』(朝日ジャ-ナル)에서 요청이 있어서 양쪽에 대담을 하기로 했다. 『아사히저널』은 오다 마코토 씨와의 대담이다.

1월 16일 화요일, 도쿄

1. 『세카이』(世界)의 야스에 료스케(安江良介)* 편집장이 와서 중식을 같이 했다. 나의 글을 실은 이후 한국 측에서 자주 방한 초청을 한다는 것이다. 그는 지난 10월에 북한에 가서 김일성 수상을 만나고 왔다. 나에게는 언제든지 필요하면 지면을 주겠다고 한다. 지금 일본에서 가장 권위 있고 지식인에게 영향이 큰 것이 『세카이』, 『주오코론』, 『아사히저널』, 『이코노미스트』 등인데 모두 나를 자발적으로 취재해 준 것을 볼 때 일본에서의 경향을 짐작할 수 있어 매우 다행한 일이다.

---

* 야스에 료스케(1937-98). 일본의 진보적인 지식인이자 출판인이며 이와나미서점(岩波書店)에서 발행하는 『세카이』의 편집장(1972-88)을 했다. 김대중과 각별한 관계였으며 한국 민주화를 위한 여러 활동에도 적극적으로 참여했다. 야스에는 1973년 7월 13일 김대중과의 인터뷰 내용을 『세카이』 9월호에 게재하기로 했는데 공교롭게도 『세카이』 9월호가 김대중이 납치된 8월 8일에 발간되어 김대중 인터뷰 기사가 큰 관심을 받았다.

2. 덴 히데오 의원과 연락해서 오키나와에서 돌아오면 내주(來週)에 만나기로 했다.

1월 17일 수요일, 도쿄

1. 아침 식사를 오재식 씨와 같이 했다. 그는 방콕(Bangkok)에서 열린 세계기독교회의에 가서 강원용 목사, 김옥길 총장 등을 만나고 왔다고 한다. 한국에서는 기독교도에 대한 감시가 대단하며 전주에서는 은명기 목사가 연쇄편지(chain letter)로 반(反)박정희 서신을 발송하다 발각되어 얼마 전에 구속되었다는 것이다. 그러나 그는 절대로 굴복하지 않고 석방 운동도 거부하고 있다고 한다. 국내에서 지금 박해와 싸우고 또 견디어 지조를 지키고 있는 이들을 위하여 내가 무엇을 할 것인지 가슴이 아플 뿐이다.

2. 고노 요헤이 의원 사무소의 이시카와 타쓰오 씨와 중식하면서 고노 겐조 참의원 의장과의 연락을 부탁했다. 가까운 시일에 내가 초대할 예정이다.

1월 18일 목요일, 도쿄

1. 신문을 보면 이제야 베트남전이 끝날 것 같다. 베트남인의 생명의 안전을 위해서도 휴전을 바라는 심정이 절실하지만 우리 한국의 젊은이가 치욕스러운 세계의 눈초리 속에서 더 이상 무의미한 희생을 하지 않기 위해서도 그렇다. 베트남전의 종식은 아시아의 정세에 거대한 영향을 줄 것이다.
   1) 27년 동안 계속된 군사대결 경향에 끝을 맺을 것이며
   2) 아시아 대부분의 나라들이 2, 3년 내에 중공(中共)을 승인할 것이며
   3) 자유, 공산 양 진영 간의 공존과 새로운 질서 형성을 위한 움직임이 활발해질 것이며
   4) 도미노적 군사독재에 새로운 저항운동이 각국 내에서 활발해질 것이고 독재자들도 이를 부인하기가 어렵게 될 것이다.

2. 『이코노미스트』의 쓰키오카 야사카즈(月岡弥三一) 편집차장이 와서 '이 사람과 한 시간'의 난(欄)을 위해 대담했다. 그 잡지에서는 대단히 좋은 평가를 받는 난이라고 한다.

3. 오후 3시에 우쓰노미야 도쿠마 의원을 만났다. 매우 훌륭한 분이며 나를 동지로서 믿고 서로 협조하자고 제의했으며 AA연 인사들과 만나는 자리를 마련하는 것으로 이야기가 되었다.

4. 김종충 형과 같이 『아사히신문』의 오모리 부주간, 『요미우리신문』의 타무라 유조(田村祐造) 논설위원과 같이 저녁 식사를 했다. 두 분이 나를 위해 여러 가지 충고를 해주며 각 사 정치부장과의 회담 그리고 오히라 외상과의 면회 등을 도와주기로 했다.

1월 19일 금요일, 도쿄

1. 『크리스천 사이언스 모니터』지의 도쿄 주재 기자인 엘리자베스 폰드(Elizabeth Pond) 양과 같은 언론사의 사쿠라이 요시코(櫻井良子) 양이 와서 한국 사정에 대해서 설명해주었다. 사쿠라이 양의 우수한 통역 실력에 참으로 감복했다. 이런 비서가 있었으면 싶었다. 매우 용감하고 대단히 열성적인 폰드 기자는 21일에 한국에 간다고 한다.

2. 저녁에 김종충 씨와 관계가 있는 쿠니오 유미코(國応讀美子) 양을 만나 내일 한국에 가도록 했다. 아내에게 보내는 편지와 약간의 생활비를 보내주었다. 본국에서 고생하는 가족과 옥중의 동지들을 생각하면 그들을 위해 아무것도 하지 못한 것이 괴롭다.

＊주여,

　불행 속에 신음하는

　우리 국민과 동지들과

　가족을 돌봐주시옵소서.

1월 20일 토요일, 도쿄

1. 오전 11시부터 한 시간 20분 동안 『아사히저널』에 실릴 대담을 했다. 원래 질문을 하기로 한 오다 마코토 씨는 부친이 갑자기 타계하여 할 수 없게 되어서 이마즈 히로시 『아사히신문』 논설위원이 대신 질문을 했다. 대담보다 나에 대해 질의하는 방식으로 진행되었는데 한국의 상황, 통일 문제, 베트남 휴전 후 문제, 일본의 방향 등에 대해서 이야기했다. 좋은 내용이 될 것 같다. 현찰로 2만 원을 받았다.

2. 저녁에 아카사카(赤坂)에 가서 기분을 전환했다.

3. 『요미우리신문』 타무라 유조 논설위원으로부터 24일 오후 3시 총리부(總理府) 옆 기자회관에서 각 사 논설위원 또는 정치부장급 인사들에게 강연하고 토론하는 일정이 결정되었다는 연락을 받았다.

1월 21일 일요일, 도쿄

1. 저녁에 김종충 형 댁에서 나고야(名古屋)에서 온 박병채 씨, 요코다 유이치 씨, 양준용 씨 등 인간적으로 친분이 큰 분들과 식사를 같이 하면서 이야기했다. 박병채 씨는 인간이 퍽 진실하고 애국심이 강한 분으로 정치적 식견도 높다. 요코다 씨는 일본인이면서 나에게 놀라울 정도로 성의를 표시하며 항상 자신의 경제력의 부족을 한탄하는 사람이다.

2. 객지에서 따뜻한 성의를 보내주는 벗들이 많다는 사실은 나에게 측량할 수 없을 정도로 다행스러운 일이다.

1월 22일 월요일, 도쿄

1. 오후 2시에 『워싱턴포스트』지의 돈 오버도퍼 기자와 야마오카 세이지 기자가 와서 한국 사정을 주제로 이야기를 주고받았다. 박정희 정권의 탄압상, 3의원 기소사건* 그리고 이번에 개악된 사법부 유린의 실태 등을 이야기해주었다. 오버도퍼는 참으로 노력하고 양심 있는 기자인 것 같다.

2. 『아사히저널』의 대담 원고를 보았는데 대체로 잘 정리되어 있다.

---

* 박정희 정권은 1973년 1월 10일에 조연하·조윤형·김상현 등 전 신민당 의원 3명을 구속기소했다.

1월 23일 화요일, 도쿄

1. 쿠니오 유미코 양이 한국에서 돌아와서 아내와 아이들의 편지를 가지고 왔다. 아내는 여전히 나의 귀국을 말리면서 가정일은 염려하지 말라고 하며 매일 신앙생활로 보내고 있음을 알려왔다. 나의 계보에 대한 박정희 정권의 박해는 심하며 김옥두 비서를 협박하여 내가 일본에서 귀국하도록 유인하라고 한다는 것이다. 국민의 지지는 그대로 강력하며 유일의 희망을 걸고 있다고 한다. 홍일, 홍업이의 편지는 아버지를 생각하고 자기 인생을 바르게 걸어가려는 자세가 역력해서 감회가 깊다. 홍걸이의 '아빠가 빨리 돌아오도록 하느님께 기구하고 있다'는 글을 읽으니 나의 현재의 가혹한 입장이 새삼 절실하다.

2. 요코하마(橫浜)의 박성준 사장의 연락이 왔다. 그는 지금 민단 가나가와현(神奈川県) 단장이면서도 의리를 저버리지 않아서 고맙기 그지없다. 요코하마에 잠깐 다녀왔다.

1월 24일 수요일, 도쿄

1. 베트남의 정전 합의가 발표되었다. 참으로 반갑고 다행한 일이다. 이제 아시아에서의 군사대결의 시대는 지나고 이제부터 자유, 공산 양측이 공존과 정치 대결의 시대로 들어갈 것이다. 앞으로 아시아에서의 군사독재의 도미노 현상은 역(逆)도미노의 저항을 받을 것이다. 3, 4년에 양측은 거의 다 외교관계를 맺을 것이며 앞으로는 군인 정치에 대한 민중의 저항이 커질 것이다.

한국의 박정희 정권과 같이 이번 정전으로 마이너스가 큰 나라는 없다. 박정희 정권은 정전 지지에서 거의 제외되었으며, 정전 결과는 '제2전선' 운운하던 파병 목적을 완전히 상실케 했으며 4만 군대의 귀국은 가뜩이나 감군 압력으로 곤란한 처지에 있는 박정희 정권을 더욱 곤경에 빠뜨릴 것이며 매년 베트남에서 1억 54만 달러 이상 들어오던 수입이 끊겨서 퍽 강경해질 가능성이 있다. 여하튼 베트남 정전으로 귀중한 각국의 인명이 희생되지 않게 된 것은 다행이며 한국의 젊은이도 이제 목숨의 안전을 찾은 셈이다. 이제부터 아시아는 신세대가 올 것이며 한국에도 큰 영향이 있을 것이다. 1973년은 우리 국민과 나를 위해 좋은 해가 되겠지.

2. 오후 3시부터 총리부 옆 기자회관에서 한국 사태, 아시아의 군사독재, 베트남 정전의 의의, 일본의 자세 등에 대해서 이야기했다. 참석한 사람들에게 큰 감명을 주었다는 후문이다.

출석자는

『아사히신문』: 오모리 부주간, 시마야마(島山) 편집위원, 도미모리(富森) 기자

『마이니치신문』: 호소가네(細金) 논설위원, 마쓰모토(松本) 논설위원, 가네노(金野) 정치부장

『요미우리신문』: 타무라 논설위원, 오가와(小川) 논설위원, 아카바네(赤羽) 논설위원, 고미야마(小宮山) 편집위원, 오무라(大村) 편집위원

교도통신: 우치다(內田) 부국장

『산케이신문』(産経新聞): 야가사키(矢ヶ崎) 기자

『홋카이도신문』(北海道新聞): 오타(太田) 정치부장

1월 25일 목요일, 도쿄

1. 낮에 '긴사료'에서 『르몽드』(Le Monde)지의 로버트 길랭(Robert Guillain) 기자, 『남독일신문』의 힐셔 기자, 서울대학교에서 교편을 잡았던 게르하르트 골(Gerhard Gohl) 씨 등과 같이 식사하면서 한국 사정에 대해서 이야기했다. 힐셔 기자는 원래 나의 친우이지만 나머지 두 분은 초면이다. 골 씨는 한국말을 상당히 잘한다. 길랭 기자는 퍽 진지하다.

2. 카나이 가즈코(金井和子) 양에게 그동안 일본에서 한 성명, 대담, 기고, 연설한 것을 책으로 인쇄하는 데 협조해주도록 부탁했다.

3. 저녁에 언론계 중견으로 본래 친하게 지낸 TBS-TV의 키타다이 부부장 부부, 『워싱턴포스트』지의 야마오카 기자 부부, 『주오코론』의 나카이 편집자와 오카다 편집차장, 『마이니치신문』의 이시카와 부부장, 『슈칸아사히』의 오카이 부편집장 그리고 『세카이』의 야스에 료스케 편집장 등을 '산노'(山王) 반점에 초대해서 저녁을 같이 했다. 김종충, 쿠니오 양 동석.

1월 26일 금요일, 도쿄

1. 『크리스천 사이언스 모니터』지의 엘리자베스 폰드 기자, 사쿠라이 요시코 양과 같이 식사를 하면서 한국에 다녀온 폰드 양의 이야기를 들었다. 그는 봉철순, 홍종인 씨 그리고 야당 인사를 만나려고 했는데 아무도 만나지 못한 모양이다. 국민이 박정희 정권을 싫어하는 것만은 분명하다고 말한다.

2. 저녁에 교도통신의 우치다 겐조(內田建三) 부국장과 만나서 나의 후원세력 구성에 대해서 협의했다. 그는 성심으로 노력하기로 약속했다. 『세카이』의 야스에 편집장이 말하기를 우치다 부국장이 자민당의 미키 다케오 부총리, 오히라 마사요시 외상, 사회당의 이시바시 마사시(石橋政嗣)* 서기장, 에다 사부로(江田三郎) 씨 등 정계에 아는 사람이 많다고 한

---

* 이시바시 마사시(1924-2019). 일본 사회당을 대표하는 정치인 중 한 명이다. 일본사회당의 서기장(1970-77)으로 활동했으며 일본사회당의 중앙위원장직(1983-86)을 역임했다.

다. 아무튼 일본의 언론인들이 이토록 협력해주어서 큰 힘이다.

3. 『아사히저널』이 나왔다. 나의 대담이 5페이지에 걸쳐서 나오고 표지 톱(top)에 내 이름을 싣는 등 크게 다뤘다. 잘 팔리고 있다고 한다.

1월 27일 토요일, 도쿄

1. 아침 식사를 미야모토 미키오(宮本幹夫) 니혼TV 외신담당 부장과 같이 했다. 그는 나의 의견에 적극 공명하면서 자기 회사의 사장이 한국의 남북 화해에 관심이 있어 나를 만나자고 한다는 것이다. 2월 2일에 만나기로 했다.

2. 윤재수 씨가 한국에서 왔다. 그는 한국에서 내 아내를 만났다는 이유로 중앙정보부에 끌려가서 나와 아내 사이에 무슨 연락을 취했는지 추궁을 받았다고 전화로 알려왔다.

3. 프랑스 파리에서 열린 베트남 정전의 정식 조인 광경이 오후 6시 30분 우주 중계가 되어 보았다. 참으로 중대한 시점이다. 정전은 되었지만 남베트남 내의 정치투쟁이 더욱 치열해질 것이며 티우 정권이 앞으로 국민의 자유와 생활을 보장하고 부패를 일소하며 안쾅 사원파, 즈엉반민(Duong Van Minh) 장군 등과 완전히 합작하지 않는 한 베트남은 수년 내에 공산화될 공산이 크다.

1월 28일 일요일, 도쿄

1. 종일 호텔에서 소일했다. 카나이 양에게 부탁한 일본어로 작성된 팸플릿 건을 처리했다.

2. 오늘 아침 9시에 베트남 정전이 발효된다. 전화(戰火) 속에서 떨던 베트남 인민들과 우리 국군의 생명이 이제는 안전해지겠지. 그리고 아시아에서도 새로운 역사의 장이 시작된다. 1937년 중국과 일본의 전쟁 이래 하루도 멎지 않던 포성이 이제 아시아의 천지에서 사라져간다. 다음은 라오스, 캄보디아 차례다. 그리고 군인정치, 독재정치는 빛을 잃어갈 것이다.

1월 29일 월요일, 도쿄 → 나고야

1. 일본 체류 일자가 다음 달 5일이라 다시 연장 조치를 취할 것인지 고려 중이다.

2. 12시에 무역회관 스카이라운지 식당에서 한국청년동맹 간부 약 15명에게 본국 정세에 대해서 설명하고 앞으로의 활동 지침에 대해 의견을 제시했다. 그들은 열렬히 동조하며 민주주의의 회복과 평화통일에 헌신하기로 맹세했다.

3. 오후 4시 신칸센으로 나고야에 도착하여 박병채 씨 댁에 묵으면서 이 지방의 한국계 유지 10여 명과 밤늦게까지 조국 문제를 토의했다. 모두 흡족한 생각으로 돌아갔다. 오늘 미국에서 온 성호도 동행했다.

1월 30일 화요일, 나고야 → 도쿄

1. 박병채 씨가 다시 상당한 여비를 협조해주었다. 인간적으로나 식견으로나 훌륭한 분이다.

2. 도쿄에 가서 데이코쿠호텔에서 덴 히데오 의원과 함께 식사를 했다. 그는 한국 문제에 적극적인 생각을 가지고 있고 협조하기로 했다.

3. 밤에 요시다 겐조(吉田建三) 외무성 아주(亞洲)국장, 나카히라 노보루(中平正) 북동아주과장, 미타니 시즈오(三谷静夫) 씨 등 3명과 함께 저녁 식사를 하면서 한국 사태에 대해서 이야기했다. 요시다 국장은 오히라 외상의 지시로 초대한 것이라고 했고 나에 대해서 여러 가지 질문을 했는데 나의 답변에 크게 깨우친 바가 있는 것 같다. 그는 나의 여권 문제를 해결해주기로 자발적으로 나서주었다. 사람을 만나면 꼭 성과가 있어 다행이다.

1월 31일 수요일, 도쿄

1. 낮에 토마스 슈스미스(Thomas Shoesmith) 주일본공사 댁에서 셔먼 참사관이 동석한 가운데 함께 식사를 했다. 아시아, 한국, 미국 등에 관해서 매우 유쾌하고 유익한 대화를 했다. 두 분 모두 일어에 상당히 능통해서 통역이 필요 없었다.

2. 오후에는 오모리 『아사히신문』 부주간과 같이 사회당 이시바시 서기장의 개인 주택으로 찾아가서 만났다. 야무지고 지적인 인상이다. 『아사히저널』에 실린 나의 대담을 줄까지 그어가면서 읽고 나의 의견에 100퍼센트 공명한다면서 앞으로 사회당이 한국의 민주화에 큰 관심을 갖겠다고 했다.

3. 밤에 『세카이』의 야스에 료스케 편집장의 연락으로 얼마 전 도쿄대에 와서 연구 중인 지명관* 교수를 만났다. 참으

---

* 지명관(1924-2022). 반독재 민주화운동을 하다 1972년 일본

로 반가웠다. 지명관 교수는 우리의 투쟁이 장기화할 전망을 이야기하며 국민의 최후의 기대인 나의 건투를 부탁했다.

4. 외무성의 미타니 씨가 나의 여권 문제와 관련해서 입국관리국과의 논의가 잘 진행되고 있다고 전해주었다.

> *"위험이 몸에 절박했을 때 도망쳐서는 안 된다.
> 도리어 위험이 배가한다.
> 그러나 결연히 대결하면 위험은 반감(半減)한다.
> 무슨 일에 봉착하든지 절대 도망치지 마라.
> 결코!"
> -윈스턴 처칠

으로 건너가 도쿄여자대학교 교수(1974-93)로 재직했다. 『세카이』에 'TK生'이라는 필명으로 '한국으로부터의 통신'을 연재(1973-88)해 한국 민주화에 대한 국제적인 관심 제고에 기여했다.

1973년 2월

"박정희 씨와 나의 싸움은
기필코 나의 승리다.
그가 민중을 배반 유린하고
내가 그들을 경애 봉사하는데
어찌 정의와 하늘이
나를 버릴 것인가."

2월 1일 목요일, 도쿄

1. 한국연구원에 가서 최서면 원장과 가네야마 마사히데 전주한대사를 만났다. 한국에서 구속된 조연하 의원 등은 지금도 큰 신체적 장해를 받고 있다는 소문이다. 기억상실증까지 걸렸다는 소식을 들으니 가슴 아픈 심정을 금할 수 없다.

2. 『산케이신문』에서 내는 『유칸후지』(夕刊フジ)에서 나에 관한 인터뷰 기사를 싣겠다고 하여 여기자와 사진반이 나를 방문했다.

3. 저녁에 아카사카에 있는 '주사쿠'(朱作)라는 복 요릿집에서 AA연의 우쓰노미야 도쿠마 의원, 야마시타 도쿠오(山下德夫) 의원, 시오노야 가즈오(塩谷一夫) 의원, 스가나미 시게루(菅波茂) 의원 그리고 교도통신의 우치다 겐조 부국장 등과 같이 식사를 했다. 그들은 나의 이야기를 듣고 경악, 분노, 감동 등을 표시하면서 앞으로 AA연에서 '박정희 정권의 종식, 김대중 동지의 집권, 김대중 동지의 후원 조직, 한국

에 있는 김대중 동지의 부인 위문' 등을 할 것이며, 먼저 가까운 시일에 나의 이야기를 듣기 위한 회합을 갖기로 했다. 오늘 저녁 모임은 참으로 큰 성과다.

신념과 용기를 가지고 끝까지 행동하면 기필코 성공할 것이다. 박정희 씨의 폭정 밑에서 신음하는 동포들이여! 나는 여러분의 기대에 어긋나지 않는 노력을 다하여 여러분이 일어설 수 있는 기폭(起爆) 작업을 하고 있다. 그러나 최후로 우리의 운명을 결정하는 것은 우리들 자신이다. 용기와 신념을 가지고 때를 기다려라. 결코 실망하지 마라.

2월 2일 금요일, 도쿄

1. 낮에 '긴사료'에서 『크리스천 사이언스 모니터』지의 사쿠라이 요시코 양과 아시안 뉴스 서비스(Asian News Service)의 미스터 에두아르도 라치카(Eduardo Lachica)를 초대하여 한국 사정을 이야기했다. 특히 라치카 씨는 필리핀 사람으로 지금의 마르코스 대통령의 독재에 큰 반감을 가지고 있으며 그는 결코 성공하지 못할 것이라는 이유를 설명했는데 참고가 되었다. 마르코스는 국민의 지지가 없다. 토지 개혁도 성공하지 못할 것이다. 국민은 무슨 계기 즉 정치적·경제적 큰 실망이나 지진, 홍수 등 큰 재해가 있어서 그 처리에 실패할 때 크게 일어날 것이라는 것이다. 나도 지금까지 몇 번이나 평화적 정권교체의 역사를 가진 필리핀 국민이 결코 언제까지나 그대로 있지 않을 것이라는 의견을 전했다.

1월 26일 『크리스천 사이언스 모니터』지에 한국 관련 기사가 보도되었는데 3단에 나올 정도로 크게 다뤄졌다. 주로 지난번 내가 폰드 기자에게 알려준 정보를 기초로 하고 그녀가 한국에 가서 취재한 내용으로 작성된 기사다. 주요 내용은 1) 김대중 세력 거세에 열중하여 김상현, 조연하, 조윤형, 김한수, 이세규 의원 등을 구속 재판 중이며, 2) 은명기 목사의 구속과 종교 압박, 3) 언론인의 구속과 고문 등이다.

2. 밤에는 고바야시 요소지(小林与三次) 니혼TV 사장이 초대하여 같은 회사의 미야모토 미키오 외신부장과 함께 식사를 하면서 한국 사정에 대해서 이야기했다. 고바야시 사장은 한국 문제의 중요성을 크게 느끼고 있는 분으로서 여러 가지 핵심을 찔러서 질문했다. 두뇌도 퍽 명석하고 무엇보다 우리나라에 관심이 제일 크다고 한다. 우리가 알고 보면 나를 알아봐주는 사람은 도처에 있는 것이다. 그는 무엇이든지 도와주기로 약속했다.

3. 낮에는 도쿄 입국관리국에 가서 여권 유효기한(1973. 2. 17)에도 불구하고 3월 7일까지 재류 기간 갱신 허가를 받았다. 大都安〇 입국관리국 도쿄사무소 차장, 가네다 료헤이(金田良平) 심사제1과장 등이 퍽 친절하게 협조해주었다. 여하튼 이제 일본 체류에 관한 문제는 걱정할 일이 없게 되었다.

＊주여,
　우리 불행한 국민과 박해 속의 동포들을
　돌보아주시옵소서.
　나는 필승의 신념과
　다윗 소년의 용기를 가지고
　끝까지 싸워나갈 것입니다.
　특히 옥중에 있는 동지들의 건강과
　그 가족을 돌보아주시옵소서.

1973년 2월

2월 3일 토요일, 도쿄

1. 얼마 전까지 한국에서 근무했고 지금은 ○○대학의 교수로 있는 카가 오사무 씨가 와서 같이 중식을 했다. 함께 시골 여행을 하자고 권해주었다. 친절에 감사했다.

2. 오후에 『아사히신문』 사회부의 미야타 히로토(宮田浩人) 기자가 와서 오늘 아침 신문에 보도된 본국에서의 나의 결석재판 건에 대해서 인터뷰했다. 사진반까지 대동했다.

3. 아침 신문의 보도를 보면 1967년의 선거법 위반과 1971년의 선거법 위반을 합해서 나를 재판한다는 것이다. 저녁의 TBS-TV를 비롯해서 각 신문과 라디오 등에서 보도했다.

* "인간의 위대함은 불운에 대해서
어떻게 견디고 헤쳐나가느냐에 따라 결정된다."
-플루타르코스(Ploutarchos)

2월 4일 일요일, 도쿄

1. 알고 지내는 일본 여성 한 명이 사업 관계 일로 한국에 간다고 하여 그분께 나의 편지와 몇 가지 물품 전달을 요청했다. 일본과 미국에서의 나의 활동상을 알리는 보도를 포함해서 기타 몇 가지를 보냈는데 무사히 도착할 수 있을지 걱정된다.

 * 주여,
 군사독재 정권 밑에서 신음하는
 동포들에게 위안과 용기를 주시고
 불행한 형벌을 받고 있는
 민주주의의 용사들에게
 도움의 손길을 내려주소서.

* "어떠한 불행한 인생에서도
현명한 사람은 무언가 이익을 얻는다.
그러나 어떠한 행복한 인생에서도
어리석은 자는 마음의 상처를
얻을 뿐이다."
-라 로슈푸코(La Rochefoucauld)

2월 5일 월요일, 도쿄

1. 우에노병원의 박(朴) 박사로부터 왼쪽 다리 신경장해에 관한 약을 받았다. 혈압은 정상이다. 작년에 출국한 이후 4개월이 지났는데 건강 상태에 별 이상이 없고 실제 불편하던 것은 아주 없어졌으며 왼쪽 다리의 상태도 많이 좋아진 듯하다. 정신을 강하게 가진 소치일 것이다.

2. 오후에 『마이니치신문』의 이시카와 쇼 부부장과 출판사의 우치나 다카사부로(內奈鷹三郞) 씨가 와서 나의 『무궁화여 영원하라』라는 책 출판에 대해서 협의했다. 지금 인쇄소에서 조판 작업을 하고 있으며 아마 다음 달 중순경에 출판될 것 같다.

2월 6일 화요일, 도쿄

1. 오후에 성호 군이 홍콩에서 돌아왔다. 마닐라에 들렀을 때 성호 사무실에서 근무하다가 고국에 가 있는 미스 앨리스 랜더스(Alice Landas)로부터 시가 한 통을 받아서 가지고 왔다. 맛이 아주 훌륭하다.

2. 성호 군이 전하는 바에 의하면 필리핀의 마르코스 대통령의 독재에 표면적으로는 큰 반발이 없으며 필리핀의 악명 높은 치안 불안 문제가 크게 개선되어 있다고 한다. 우리나라 5·16 직후에도 군정은 쾌도난마식의 질서 회복으로 일부 국민의 갈채를 받은 적이 있었다는 점을 감안하면 지금 필리핀의 상황은 있을 수 있는 일이다. 그러나 2, 3년의 장기적인 안목에서 보면 마르코스 독재는 부패와 토지개혁 실패 등의 이유로 민중 앞에 쓰러질 것이다.

2월 7일 수요일, 도쿄

1. 오후 2시부터 뉴재팬호텔(New Japan Hotel) 213호실에서 자민당의 AA연 주최로 나의 강연회가 있었다. 25명의 의원이 참석했으며 2시간 동안 시종 진지하게 들어주었고 질문도 많았다. 우쓰노미야 선생의 이야기로는 예상 이상의 출석이며 큰 성과를 올렸다고 한다. 모두 한국에 대한 새로운 논의였고 나의 신념에 동의를 표하는 실정이었다. 이번 강연을 통해서 일본 정부에 큰 영향을 줄 수 있도록 해야겠다. 본국에서 이 소식을 들으면 큰 반응이 내부적으로 일어날 것이다. 대중 매체도 관심을 가지고 보도할 것이다.

참석자는 다음과 같다.
- 중의원
    우쓰노미야 도쿠마(宇都宮德馬)
    후지야마 아이이치로(藤山愛一郞)
    아카기 무네노리(赤城宗德)
    시오노야 카즈오(塩谷一夫)
    야마구치 토시오(山口敏夫)

고노 요헤이(河野洋平)

사카모토 미소지(坂本三十次)

스가나미 시게루(菅波茂)

이토 마사요시(伊東正義)

야마시타 도쿠오(山下德夫)

와타나베 고조(渡部恒三)

니시오카 다케오(西岡武夫)

하타 쓰토무(羽田孜)

노나카 에이지(野中英二)

야마사키 타쿠(山崎拓)

시가 세츠(志賀節)

와타누키 타미스케(綿貫民輔)

다나카 사토루(田中覚)

가토 고이치(加藤紘一)

카타오카 세이이치(片岡清一)

오쿠다 게이와(奧田敬和)

타가와 세이이치(田川誠一)

- 참의원

　코야마 쿠니타로(小山邦太郎)

　마스다 사카리(增田盛)

　카와카미 타메지(川上為治)

2. 밤에 일본기독교교회협의회 및 재일한국기독인 간부회의에서 나의 이야기를 듣겠다고 하여 가서 이야기했다. 앞으로 일본 기독교계가 상당히 한국의 민주 회복을 위해 참가할 것으로 보인다. 한국 측 인사들과는 별도로 앞으로 할 일에 대해서 상의했다. 그들과 밀접한 협조를 통해서 해외에서의 일을 진행시켜 나가야겠다.

2월 8일 목요일, 도쿄

1. 오전에 이성호 군과 같이 미국대사관에 가서 토마스 슈스미스 공사를 만나 나의 미국행 비자 문제에 대해서 협의했다. 가장 안전하고 용이한 방법은 일본의 재입국 허가를 얻는 것이나 그것이 불가능할 경우에 미국은 다른 방법을 강구할 의사를 밝힐 정도로 매우 적극적으로 협조하는 모습을 보였다.

2. 점심에 『아사히신문』의 고토 모토(後藤基夫) 편집국장의 초대를 받아 식사를 같이 하면서 한국의 사정과 북한 관계에 대해서 이야기했다. 미야타 히로토 기자도 동석했다.

3. 어제 AA연 강연이 『아사히신문』과 『요미우리신문』에 보도되었고 니혼TV, TBS-TV 그리고 몇 개의 라디오에서도 보도되었다고 한다.

* "공포의 수가 위험의 수보다 언제나 많다."
  – 세네카(Seneca)

* 사람은 누구나 죽는다.
  백세 장수를 해보았자 긴 역사의 눈으로 보면
  섬광 같은 일순간의 차(差)다.
  문제는 국민을 위해 얼마나 바른 일을
  혼신의 심혈을 기울여서
  했느냐의 여하(如何)다.

* 박정희 씨와 나의 싸움은
  기필코 나의 승리다.
  그가 민중을 배반 유린하고
  내가 그들을 경애 봉사하는데
  어찌 정의와 하늘이 나를 버릴 것인가.
  나는 머지않은 장래에
  민중의 열광 속에 기필코 환국하여
  그들의 자유와 행복을 되찾으며

조국의 평화적 통일을 성취하여
우리 국민도 세계 어느 곳을 가나
자랑스럽게 고국의 이름을
내세울 수 있도록 할 것이다.
5,000만*이면 영국, 독일과 겨루는 대국이다.
위대한 코리아(Korea)를 만들자!

---

* 당시 남북한 인구를 합한 숫자.

2월 9일 금요일, 도쿄

1. 고베(神戶)에서 『RONIN』(浪人)이란 영문지를 월간 정도로 발간하고 있는 영국인 데이비드 보게트(David Boggett) 씨가 찾아와서 만났다. 이 사람은 보스턴에서 그레고리 헨더슨 교수로부터 소개받은 바 있어서 만났으나 정체를 알기 힘들다. 더욱이 이번에 영국으로 돌아가는 도중에 카이로의 북한대사관으로부터 초대를 받아서 들렀다 간다고 하면서 혹시 심부름을 맡길 일이 있다면 하겠다는 수작이어서 더 이상 깊이 이야기를 하지 않고 헤어졌다. 일본에 있으면 이와 같은 북쪽에 관한 말들이 생겨서 행세하기가 퍽 어렵다.

2월 10일 토요일, 도쿄

1. 12시에 마이니치신문사 식당에서 이시카와 부부장 소개로 하야시 타쿠오(林卓男)『마이니치신문』논설 부주간과 히노(日野) 편집국 차장을 만났다. 그분들로부터 중식을 대접받으면서 이야기를 나눴다. 나의 이야기에 깊이 감동을 받았다고 여러 번 이야기하면서 앞으로 한국에 깊은 관심을 갖기로 했다. 큰 성과가 있을 것으로 생각된다.

2. 밤에 뜻밖에 오다 마코토 씨로부터 전화가 와서『주오코론』에서 대담을 하자고 전해왔다. 영국인 보게트 씨와 3인이 한다는 것이다. 생각해보자고 했는데 아무래도 하지 않는 것이 좋겠다. 아무것이나 신문이나 잡지에 난다고 해서 덮어놓고 덤빌 필요는 없다.

✱ 사람이 명성을 얻는 데는 10년이 걸려도
 이를 망치는 데는 하루면 족하다.
 세상은 잘한 일은 기억해주지 않아도
 못한 일은 두고두고 문제가 된다.
 항시 깊은 주의와 서둘지 않는 여유를 가지고
 하나하나 착실히 대처해나가야 한다.

2월 11일 일요일, 도쿄

1. 나카이 마리에 『주오코론』 편집자에게 전화를 걸어서 오다 마코토 씨와의 대담을 사양하겠다는 뜻을 전했다. 차마 보게트 씨가 있어서 함께할 수 없다고 말할 수는 없기 때문에 이쪽 사정이 곤란하다는 점을 들어서 사양했다.

＊ "훌륭한 지도자(사장)가 되려면
　1) 융통성이 풍부할 것
　2) 교육이나 경험이 있을 것
　3) 사람을 끌어들이는 매력이 있을 것"
　-『네이션 비즈니스』(*The Nation's Business*)

2월 12일 월요일, 도쿄

1. 11시에 『세카이』의 야스에 료스케 편집장이 와서 여러 가지 신상에 관하여 협의했다. 그는 참으로 성실한 사람이다. 라이샤워 하버드대학교 교수와의 대담 건은 추진하기로 하여 미국에 편지를 쓰기로 했다. 그는 북한 측이 작년에 박정희 씨의 계엄령에 소극적 반발 내지는 동조한 것은 큰 잘못이라고 생각하고 있다.

2. 오후 2시에 캐나다대사관에 가서 미스터 핸스(Hance) 영사를 만났다. 사전 의사소통이 잘못된 관계로 나는 그가 한국에 대사관이 개설되는데 나의 이야기를 듣고 싶어 하는 것으로 알고 갔는데 그는 내가 캐나다 입국하는 문제로 협조 요청할 일이 있는 것으로 알고 있었다.

2월 13일 화요일, 도쿄

1. 12시에 최서면 씨와 점심을 같이 하면서 나의 여권 문제를 협의했다.

2. 오후 3시에 중의원 의원회관으로 우쓰노미야 도쿠마 의원을 방문하여 앞으로의 일을 협의했다. 그와 논의한 결과 1) 한국문제소위를 구성해서 활동할 것, 2) 미국과 더불어 범(汎)아시아 지역의 자유수호를 위한 민간운동을 전개할 것, 3) 국회가 5월경 끝나면 방한하여 나의 가족과 동지들을 격려할 것 등에 합의했다.

3. 5시 반에 재일한국청년동맹 부위원장인 김군부* 씨가 와서 오는 18일 나가노현(長野縣)의 시라카바 호숫가(白樺湖畔)에

---

* 김군부. 와세다대학을 나왔으며 1972년 재일한국청년동맹 부위원장이 되었다. 김대중은 1971년 11월 19일부터 12월 16일까지 일본을 방문했을 때 김군부를 처음 만났다. 김대중이 일본에 망명했을 때 김군부는 재일 한인 청년운동가로서 많은 활동을 했다.

서 개최되는 제9회 재일한국청년동맹 동계강습회에서의 연설을 요청하여 수락했다. 재작년 겨울에도 갔었는데 젊은이들의 애국심과 순정이 지극하고 그들이 나를 매우 따르기 때문에 꼭 가기로 결심했다.

4. 『유칸후지』에 나의 커다란 사진과 함께 인터뷰 기사가 나왔다.

2월 14일 수요일, 도쿄

1. 낮에 긴자에 있는 일본음식점 '하마사쿠'(浜作)에서 이인하, 강문규, 김응희 씨를 만나 앞으로의 활동에 대해서 회의했다. 재일본 기독교 그리고 국제사회와의 연락에 대해서 협의했다.

   이 자리에서 나는 우리 기독교가 중심이 되어서 다가오는 민주혁명을 쟁취하지 않으면 다른 사람들이 감당할 수 없을 뿐만 아니라 한국 기독교의 운명도 여기에서 결정된다는 것을 역설했다. 참석자들 모두 완전한 의견 일치를 보았다.

2. 어제와 오늘 이틀 내내 몸이 좋지 않다. 아무래도 감기에 걸린 것 같은데 누가 돌봐줄 사람도 없고 오직 나의 기력으로 극복할 수밖에 없다.

3. 미국의 이성호 군이 전해온 내용에 의하면 크로스비 노이스(Crosby S. Noyes) 씨가 『이브닝스타 앤 데일리 뉴스』(*The Evening Star and Daily News*)지 2월 1일 자에 쓴 글에서 내가

그에게 보낸 편지를 인용하면서 한국의 현실을 비판한 나의 의견이 전적으로 옳다고 지적했다고 한다. 노력한 성과가 있는 셈이다.

2월 15일 목요일, 도쿄

1. 몸이 좋지 않아서 종일 호텔에 있었다. 내일은 지금 묵고 있는 도쿄프린스호텔에서 긴자의 '긴자제1호텔'로 옮기기로 예약했다.

2. 『유칸후지』에 나온 나의 인터뷰 기사가 의외로 호평을 받고 있으며 특히 재일한국인들에게 관심을 끈 모양이다. 같은 회사의 지노 게이코(千野境子) 기자가 와서 같이 저녁을 하면서 여러 가지 이야기를 했다.

3. 지난 7일에 뉴재팬호텔에서 AA연 소속 의원들에게 한 연설 원고를 가지고 와서 교정을 봐달라고 한다. 이것을 인쇄해서 배포한다고 하여 몇 곳을 수정해서 보내주었다.

2월 16일 금요일, 도쿄

1. 오늘 도쿄프린스호텔에서 긴자에 있는 '긴자제1호텔'로 옮겼다. 아무래도 중앙정보부가 여러 가지 작용을 호텔 측에 하고 있는 것 같다.

2. 한국에서 발행한 신문을 보면 신민당이든 통일당이든 나의 세력 거세에는 중앙정보부와 완전 합작해서 하고 있는 것 같다. 이번에 소위 국회의원 선거의 공천 상황을 보면 그런 감이 크다. 그러나 이따위 국회가 과연 무엇을 하는 것인지, 그들은 머지않아 더욱 국민으로부터 버림받을 것이다.

3. 『아사히신문』에서 출간한 『어느 한국인의 마음』의 저자인 정경모* 씨를 만났다. 장시간 이야기를 해본 결과 그의 인

---

* 정경모(1924-2021). 작가이자 언론인이다. 1970년 일본으로 건너간 이후 귀국하지 못하여 일본에서 민주화운동과 통일운동을 했다. 1989년 문익환 목사가 방북할 때 동행했다.

품과 식견이 퍽 마음에 든다. 그도 나에 대해서 적극 협력하기로 했다.

2월 17일 토요일, 도쿄

1. 카와사키(川崎)의 이규 사장을 만났다. 그는 과거에도 약속을 해놓고 이행이 없었는데 이번에는 중간분들의 이야기도 있고 해서 만났는데 역시 마찬가지다.

2. 교도통신의 우치다 겐조 부국장과 저녁 식사를 같이 하면서 AA연과의 행동 방침에 대해서 협의하고 국제문화회관의 마쓰모토 시게하루(松本重治) 씨와의 회동에 대해서도 이야기했다.

2월 18일 일요일, 나가노 시라카바 호수 → 도쿄

1. 아침 중앙선 기차로 나가노현의 시라카바 호수에 가서 제9회 재일한국청년동맹 동계강습회에 참석해 강연했다. 일본 각지에서 재일한국청년동맹 소속 약 400명이 참가했다. 중앙정보부의 치졸한 방해를 뚫고 출석한 것이다. 방해공작으로 인해 목표보다 300-400명이 부족하다고 한다. 강연의 성과는 대단했으며 큰 감명을 주었다고 한다. 정재준*민단 도쿄본부 단장이 와서 축사하고 같이 도쿄까지 왔다.

2. '치노'(茅野)에서 중식을 하면서 TV를 봤는데 미국 상원 외교위 보고서가 발표되었다고 한다. 내용은 1) 박정희 정권은 독재정권이다, 2) 10·17 조치는 위헌이다, 3) 남북교류의 성실성이 의심스럽다, 4) 미국의 대한(對韓) 정책은 재고

---

* 정재준. 1917년에 태어났으며 민단 도쿄본부장을 역임했다. 성공한 사업가였으며 민단 자주파인 재일 한인 민주화운동 세력이 한민통 일본본부를 결성해서 활동할 때 재정의 상당 부분을 책임졌다. 김대중이 1971년 7대 대선에서 낙선한 후 그해 연말(11. 19-12. 16)에 일본을 방문했을 때 정재준이 위로연을 주최했다.

되어야 한다 등이다. 아직 상세한 것은 알 수 없으나 실로 위대한 발표이며 놀랍고 충격적인 일이다. 나의 전도(前途)에도 많은 영향이 있을 것 같다. 이번 보고서가 이 정도로 준엄하게 나오게 된 이유는 내가 작년 11월 중순부터 50일간 미국에서 노력한 영향도 컸다고 판단된다. 이번 성명 발표에 있어 국무부, 국방부, CIA가 상당 부분을 보류(Hold)시켰다고 하는데 그 내용이 궁금하다. 동시에 그들이 앞에서 기록한 대로 '독재' 운운(云云) 등은 발표하도록 양해했다는 사실은 큰 의의가 있다 할 것이다.

＊사람은 노력하면 반드시 성과가 나오는 법이다.
　작년 겨울 미국에서
　'나의 이런 노력이 과연 어느 정도의
　성과를 올릴 수 있을 것인가!'라고
　의문을 갖기도 했지만 결과는 너무도 빨리
　그리고 크게 나타났다.
　지금 이 시간의 노력을 더욱 성실하게 하자!
　반드시 성과가 있을 것이다.

2월 19일 월요일, 도쿄

1. 김광희 씨(재일한국 YWCA)의 연락으로 『어느 한국인의 마음』을 쓴 정경모 씨를 만났다. 그의 저서는 그동안 일본에서 많이 나온 남북관계 인사의 어떤 책보다 일본인들의 반발심을 초래하지 않으면서 통한다는 평가를 받고 있다. 정경모 씨는 인상이 상당히 침착하고 소신 있어 보이는데 좀 괴팍한 면도 있는 것 같다.

2. 『이브닝스타 앤 데일리 뉴스』지의 크로스비 노이스 씨가 2월 1일 자로 논평 기사를 썼는데 「아시아에서의 민주주의는 계속해서 슬픈 종말을 맞이하고 있다」(Democracy in Asia Continues Its Sad Demise)라는 기사에서 나의 편지 내용을 소개하고 그는 "한국의 상황을 보면 김대중의 말이 옳다"라고 평하고 있다. 나의 부분만 70행을 소개했다. 대단히 반가운 일이다. 이 신문은 국무부 의견을 크게 대변한 것으로 알려졌는데 과연 어느 정도인지.

2월 20일 화요일, 도쿄

1. 나고야에서 박병채 씨를 대신해 박영길 군이 올라와서 김종충, 김경조 씨와 같이 오후 6시 차로 시즈오카현(靜岡縣) 고텐바(御殿場)에 갔다. 일찍 와서 기다리고 있는 재일한국 기독교 관계의 이인하, 강문규, 오재식 씨 등과 합류해서 신문발행 건을 협의했다. 일본에서 한국민의 소리를 대변할 수 있는 일어판 신문을 내며 그 목적은 일본인을 일깨워서 한국에 대한 올바른 인식과 정책을 갖도록 함과 동시에 재일교포에게 바른 정보와 지침을 주어 그들이 건전하면서도 소신 있게 진로를 개척할 수 있도록 하자는 데에 있다. 한편 내가 미국에 가면 미국에서 한국어 신문과 영어 신문을 내기로 했다.

2. 고텐바의 양식점이나 영과점(英菓店) 등의 풍경은 마치 미국에 온 것같이 모방하고 있다. 일본 전국에서의 영어 범람을 볼 때 미국은 그런 매력이 있는 것일까.

2월 21일 수요일, 도쿄

1. 오후 4시에 국제문화회관에서 교도통신의 우치다 겐조 부국장과 같이 가서 마쓰모토 시게하루 씨를 만났다. 그는 라이샤워 교수의 동서이며 일본의 가장 저명한 지미파(知美派) 지식인이다. 또한 철저한 자유주의자(liberalist)다. 서로 의기가 맞아서 장시간 이야기했다.

    ＊ 나를 이해해줄 수 있는 벗은 도처에 있다.
    다만 내가 이를 찾지 못하거나
    만나도 완전히 설득시키지 못할 뿐이다.

2월 22일 목요일, 도쿄

1. 정경모 씨와 아침 식사를 같이 하면서 일본에서 내는 신문을 맡아서 편집해주도록 부탁했다. 본인도 협조하기로 승낙했다. 중대한 일을 부탁하는 데에 있어서 좀 조급하게 결정한 감도 있었으나 그의 저서를 읽고 일단 그의 사람됨과 바탕을 알게 되었기 때문에 결단을 내렸다.

2. 정경모 씨의 통역으로 『뉴욕타임스』의 리처드 핼로런 기자와 인터뷰를 했다. 동시에 그로부터 아시아 문제에 관한 의견도 들었다. 그는 미국이 중국에 치중한 것이 매우 잘못된 것으로 판단하고 있다. 또한 그는 북한의 외무상 허담 씨가 미국의 키신저 국가안보보좌관과 같은 시기에 베이징에 간 것으로 볼 때 두 사람이 비밀회담을 할 가능성이 크다고 보고 있다. 나는 그렇게 판단하지 않는다. 지금 미국이 북한 대표와 만날 준비가 되었을지 의문이다.

3. 일본의 『피-이 레터스』(*P-E letters*)라는 잘 알려지지 않은 통신에 「미 상원 외교위, 박정희 정권에 불신 표명: 김대중 씨의 반박(反朴) 운동에 힘씀(金大中氏の反朴運動にテコ入れ)」이라는 제목으로 "미국뿐 아니라 일본의 외교정책도 변화의 조짐을 보이고 있는데 이는 김대중 씨의 활동의 영향"이라는 요지의 글이 실려 있다. 외무성 아시아국에서 회람 중인 것을 얻어왔는데 그들이 돌려본 바에는 약간의 근거가 있는 듯하다. 혹은 외무성의 의향을 받아 띄운 애드벌룬이 아닌가도 생각되나 여하튼 좋은 일임에는 틀림없다. 내용 파악도 아주 잘 되어 있다.

＊"용자(勇者)의 기분을 느끼고자 한다면
있는 힘을 다해서 용자같이 행동할 것.
그러면 무서워서 견딜 수 없는 기분은
용기가 넘쳐서 참고 견딜 수 없는
기분으로 바뀔 것이다."
– 윌리엄 제임스(William James)

*"하루에 적어도 하나쯤은

자기의 힘에 겨운 일을 해내려고 하지 않는 한

어떠한 사람도 큰일을 할 수 없다."

-엘버트 허버드(Elbert Hubbard)

2월 23일 금요일, 도쿄

1. 도쿄프린스호텔에서 내가 나온 후 무사시 마사미치 사장이 실례를 규탄한 것이 큰 문제가 되어 영업지배인이 사표까지 쓴 모양이다. 오늘 최서면 원장, 무사시 사장 두 분으로부터 사장 대리 중역과 두 명의 간부가 나에게 사과하기 위해서 오겠다고 한다는 말을 전해들었는데 거절했다. 그런 일에 신경 쓰고 싶지 않고 지나고 나면 그만인 일을 갖고 떠들고 싶지도 않다.

2. 저녁에 NHK의 야마무로 히데오 해설위원의 초대로 식사를 같이 하면서 한국 사정을 설명해주었다. 그는 전에 서울 특파원을 지냈으며 현재 해설위원실 부위원장의 직책에 있다. 그는 총명한 사람이므로 나의 설명을 앞으로 잘 소화할 것이다.

3. 재일한국청년동맹(한청)에 책 700권을 주었다. 『한국민은 반드시 이긴다: 박 독재의 현주소와 김대중 선생의 신념』(韓国民は必ず勝つ: 朴独裁の現状と金大中先生の信念)을 3,000권 인쇄했으나 아무래도 부족하다. 그러나 경제 사정으로 너무 많이 인쇄할 수도 없다.

2월 24일 토요일, 도쿄

1. 일간지 『나이가이타임스』(內外タイムズ)의 이시카와 아키야스(石川明保) 기자와 인터뷰를 했는데 관련 내용이 어젯밤에 일면 톱으로 나왔다. 제목은 「박 정권 반항아의 용기 있는 발언」의 큰 제하(題下)에 작은 제목은 "이대로는 남북통일은 불가능하다. 한국의 케네디 김대중 씨 본지 기자에게 말하다. 언제까지나 반공을 고집한다. 민주화야말로 단 하나의 조건이다"라며 아주 센세이셔널(sensational)하게 보도하고 있다. 내용도 잘 정리되었고 나의 의견에 적극적으로 공감을 표시하고 있다.

일본 사람은 나를 퍽 젊게 본다. 누구나 30대로 보며 'スカッとする(시원시원하다), ダンディ(깔끔하고 세련되다)' 등의 표현을 많이 쓴다. 또한 그들은 예외 없이 나를 한국의 케네디라고 쓴다. 모두 좋은 의미의 표현이겠지만 나는 한국의 케네디가 아니라 한국의 김대중이다.

2월 25일 일요일, 도쿄

1. 미국에 있는 성호 군의 연락에 의하면 나의 기고가 『뉴욕타임스』에 게재되었다는 것. 상원 외교위 보고서는 일본에서처럼 미국에서는 크게 게재되지는 않은 듯하다. 『마이니치신문』은 미국 발신 기사로(UPI) 이를 2단 보도하며 상원 외교위의 한국 비난 보고가 발표된 이때 『뉴욕타임스』가 나의 원고를 실은 것은 의미가 크다는 해설까지 붙였다.

2. 오늘 시나가와(品川)의 퍼시픽호텔(Pacific Hotel)에서 P씨와 만났다. 그는 여러 가지 통일에 대해서 의견을 제시했으며 나도 솔직한 이야기를 했다. 나는 그에게 "한국 통일은 남한의 민주화 없이는 불가능하다. 통일 후의 공존 보장이 필수불가결하다. 나는 어디까지나 민주주의자로서의 신념이 확고하다. 작년 10월 17일 비상계엄 선포 이후의 북한의 태도는 이해할 수 없다"는 점을 분명하게 했다. 나는 하루속히 남한의 민주 정권을 수립하여 자신 있게 일대일로 남북통일을 추진하며 역사에 영생하는 것이 나의 소원이다.

2월 26일 월요일, 도쿄

1. 『아메리칸 리포트』(*American Report*)의 제임스 슈텐츨(James Stentzel) 기자가 취재차 왔으며 통역은 조지 기쉬(George Gish) 씨가 했다. 그는 작년 11월 10일에 내가 도쿄 외신기자클럽에서 한 나의 연설문 복사본을 갖고 왔다. 이 신문은 기독교 계통의 주간지이며 미국에서는 상당히 알려진 신문이다.

2. 오후에는 『크리스천 사이언스 모니터』지의 엘리자베스 폰드 기자가 와서 역시 한국 사정에 대한 취재가 있었다. 그녀는 미국 상원 외교위 한국 관계 보고서를 빌려주기로 했다.

3. 저녁에 김종충 씨 댁에서 신문 발행 건으로 회합이 있었다. 이인하, 강문규, 정경모, 양준용, 김종충, 이시카와 쇼, 김광조 씨 등이 모였다. 상당한 진전이 있었으나 왠지 앞으로 계속해서 조화를 이뤄내며 일을 추진하는 것이 힘들 것 같다는 생각이 든다. 한국 사람은 자기 주장을 너무 내세우고

10개 중에서 7개의 같은 점을 경시하고 3개의 차이점을 강조하는 경향이 있다.

2월 27일 화요일, 도쿄

1. 국제적십자위원회에 가서 여행증명서 발급 건에 대해서 협의했다. 일본 외무성의 협조도 있어서 잘될 것 같기도 한데 잘못되면 스위스 본부에까지 조회를 해야 해서 걱정이다.

2. 오후에 『남독일신문』의 힐셔 기자가 와서 한국 관계 문제에 대해서 취재해갔다. 그는 그동안 내가 한 일을 많이 보도했으며 그 복사본을 갖고 왔다. 매우 고마운 일이다.

> *"다음의 자세를 지키면 십중팔구는 성공한다.
> 자신을 가질 것 그리고 일에 전력을 다할 것."
> –토머스 윌슨(Thomas E. Wilson)

> *"공포의 눈으로 미래를 내다보는 것은
> 위험천만한 일이다."
> –에드워드 해리먼(Edward H. Harriman)

2월 28일 수요일, 도쿄

1. 국제적십자위원회에서 여행증명서의 발급이 확정되었으며 법무성에서 미국에 간 후 재입국보증(Re-entry Permit)에 대한 발급 보증이 있는 대로 서류 수속에 대한 연락을 해주기로 했다. 우선은 관문을 통과한 셈이다.

2. 교도통신의 미카미(三上), 하라(原) 기자가 와서 한국 사정에 대해 취재를 했다. 그들은 이를 적극 보도할 모양이다.

3. 노교상사(農業商社)의 송우정 사장이 와서 서로 나랏일을 걱정하며 본국의 민주정부 수복에 협조하기로 합의했다. 그는 한때 박정희 씨를 도왔으나 배신당했으며 마지막에는 빨갱이로 몰린 일까지 있었다.

1973년 3월

"전투에는 지더라도
전쟁에는 이겨야 한다.
전쟁에 이기는 길은
역사와 국민의 뜻에
합치하는 것이다."

3월 1일 목요일, 도쿄

1. 오늘은 3·1절이다. 54년 전 우리 민족 200만 명이 궐기하고 8,000명이 학살당하면서 싸운 조국의 민주적 독립은 아직도 요원하니 참으로 가슴 아픈 일이다. 우리는 무슨 전생의 죄가 있어서 유독 이와 같이 고통을 받아야 하는지 분노스럽다. 우리는 내년 3·1절을 어떤 환경에서 맞이하게 될 것인가. 일본 민단의 자주파가 또다시 조총련과 공동 집회를 가졌다. 그들은 참으로 졸렬한 짓만 저지르며 결국 하부 민중으로부터 고립되고 박정희 정권에게 절호의 구실만 제공한 셈이다.

2. 지난 2월 27일 본국에서 실시된 소위 국회의원 선거는 박정희 정권의 스케줄대로 진행되었다. 이번에도 국민은 일어설 계기를 잡지 못했다. 역시 아직은 무리겠지. 도무지 그들에게 관심이 없는 일이므로 열기가 일어날 수도 없었을 것이다. 의석 분포를 보면 공화당 73, 신민당 52, 통일당 2, 무소속 19인데 박정희 씨의 계획대로 유진산 씨와 같이 갈라 먹은 셈이다. 양일동 씨의 통일당만이 참패했는데 이

는 당연한 결과다. 1) 통일당은 나를 배제함으로써 그들이 말한 해명을 국민들이 믿지 않고 오히려 불평분자의 집단으로 본 것이다. 2) 공천받은 인물이 현저히 떨어졌다. 3) 박정희 정권이 야권 분열 인상을 주기 위해 야당의 새로운 출현을 바라는 것을 오산(誤算)하고 기대를 걸었다. 4) 양일동 씨의 이미지가 유진산 씨와 다를 것이 없으며 그 간부 중에도 그런 인사가 많다.

3. 시오노야 카즈오 의원이 찾아와서 장시간 이야기하고 갔다. 한·미·일의 아시아, 한국관계회의 건과 그들의 한국 방문 건 등을 협의했으며 의견의 일치를 보았다. 시오노야 의원 말에 의하면 대사관 측 사람이 와서 나에 관한 이야기를 꺼내자 "김대중 씨의 말은 전적으로 옳으며 AA연의 모든 인사가 감명을 받았다"고 분명히 이야기했다는 것이다. 또한 『국회저널』이라는 신문을 가지고 왔는데 타블로이드판 4면 전체에 나의 AA연 연설에 관한 내용이 나왔다.

4. 『르몽드』지의 길랭 기자가 이번 선거의 논평을 요구했다. 내 영어 실력이 좀 부족하지만 내가 직접 영어로 작성한 내용을 전화로 알려주었다. 내용은 다음과 같다.

"선거는 박정희 씨의 계획에 의한 쇼에 불과하며 진정한 의미의 선거가 아니다. 나는 우리 국민이 결코 이와 같은 허위를 인정하지 않을 것이며 머지않아 박정희 정권의 제거를 위해 일어설 것으로 확신한다."

* 주여,

　우리 조국에 민주주의를 베푸소서.

　주여,

　불행한 동포와 동지들에게 위로를 주소서.

　주여,

　저의 가족을 보살펴주소서.

　주여,

　모든 국민이 자기의 권리를

　자기의 희생으로 쟁취하는 자각을 주소서.

3월 2일 금요일, 도쿄

1. 신주쿠에 있는 일본기독교회관의 한국기독교 사무실에서 신문발행 건을 협의했다. 정경모 씨가 매우 다른 견해를 제시하고 비타협적인 태도를 표시해서 좋은 성과를 얻지 못했다. 역시 편협하고 아집이 센 인텔리의 특성이 강한 분으로 도저히 일을 맡기는 것이 어렵다는 생각이 든다. 이시카와 쇼 부부장도 똑같은 생각을 갖게 되었다고 한다. 이시카와 부부장에게 일차 접촉을 해보도록 부탁했다. 정경모 씨 건은 내가 너무 서두른 실수인 듯하다.

2. 『남독일신문』의 힐셔 기자가 와서 저녁을 같이 하면서 이야기했다. 그는 선거에 관하여 취재했다.

3. 『국회저널』에서 나의 AA연 연설을 1-4면까지 전체에 게재한 것을 350부 입수하여 미국과 기타 지역에 발송하도록 했다.

3월 3일 토요일, 도쿄

1. 송우정 사장이 와서 일본 정계 실정을 이야기했다. 그가 잘 아는 미노와(箕輪) 방위정무차관을 같이 만나보기로 했다.

2. 『크리스천 사이언스 모니터』지가 보내온 상원 외교위 보고서를 보았다. 그중에는 'III. 코리아: 북한과 남한의 대화' (III. KOREA: THE NORTH-SOUTH TALKS)라는 항에서 박정희 씨가 남북대화를 권력 강화에 이용하고 있다는 부분을 적시하고 나의 말을 인용했다.

"indeed opposition leader Kim Dae Jung said in a speech on July 13, shortly after the July 4 communique was issued that he was for the communique in principle but was apprehensive that President Park might try to use the talks as an excuse to perpetuate his political power"(실제로 야당 지도자 김대중은 7월 4일 남북공동성명이 발표된 직후인 7월 13일 연설에서 원칙적으로 남북공동성명에 찬성한다고 말하면서도, 박정희 대통령이 남북대화를 자신의 정치적 권력을 영구화하려는 구실로 이용할 가능성에 대해 우려했다).

3월 4일 일요일, 도쿄

1. 호텔에서 독서를 하고 미국으로 떠나기 전에 해야 할 일에 대한 계획 작성 등으로 소일했다.

2. 유럽 시장에서 달러화 투매가 단행되었으며 각국 외채시장이 폐쇄 중인데 일본도 어제부터 동조 중이다. 나는 일본의 엔화 절상과 미국의 달러화 절하를 보면서 이해하기 어려운 것은 실제 양국 화폐를 사용해보면 달러화는 국외에서는 매우 약하나 국내에서는 여전히 그 가치가 높은 데 반하여 일본의 엔화는 국외에서는 아주 강하나 국내에서는 형편없이 쓸모없다. 참으로 이해하기 곤란한 현상이다. 일본에서 돈을 벌어서 미국에 가서 쓰면 아주 이상적이다.

3월 5일 월요일, 도쿄

1. 『분게이슌주』(文藝春秋)의 유카와 유타카(湯川豊) 기자가 와서 취재해갔다. 『슈칸분슌』(週刊文春)이나 월간 쪽에 게재하겠다는 것이다.

2. 선거 후의 국내 사정이 궁금해서 누구를 보내는 문제를 김종충 씨와 협의했다. 작년부터 불과 4개월이지만 그동안 너무도 많은 변화가 있었다. 이제 이름만의 국회라도 구성되면 박정희 씨의 독재체재 구축 작업은 일단 완성된 셈이다. 때론 답답한 생각이 없지도 않으나 그러나 나는 나의 소임대로 일생을 살 것이다.

3월 6일 화요일, 도쿄

1. 아침 일찍 이시카와 쇼 부부장이 와서 같이 식사하면서 정경모 씨 건에 대해서 협의했다. 그가 다시 만나본 결과도 역시 당분간 그만두는 것이 좋겠다는 이야기다.

2. 『세카이』의 야스에 료스케 편집장이 와서 앞으로 미국에서 하버드대학교의 에드윈 라이샤워 교수와의 대담과 UN에 가 있는 도쿄대학교의 사카모토 요시카즈(坂本義和) 교수와의 접촉 등에 대해서 협의했다.

3. 오늘 국제적십자위원회에서 1년간의 여행증명서(Travel Document)를 받았다. 이제는 정말 망명객이 된 셈이다. 그러나 모두가 일시적 방편이지 결코 이를 슬퍼할 필요가 없다. 고국의 벗들과 가족이 눈에 떠오른다.

4. 밤에 북베트남에서 돌아온 키타다이 준지 부부장과 나카무라 요시스케 씨와 같이 만나서 키타다이 부부장의 여행담을 들었다. 그들의 중국, 소련 등 대국에의 불신감은 대단하며 이것이 미국과의 타협의 원인이라고.

3월 7일 수요일, 도쿄

1. 아침에 양준용 씨가 와서 같이 식사하면서 신문·저서 출판 등을 협의했다. 본국에서 박정희 씨가 지명한 통일주체국민회의 국회의원 73명의 명단도 보았는데 아주 졸작이라는 느낌이 든다.

2. 오후 2시에 국회에 가서 우쓰노미야 도쿠마 의원과 만나서 미국과 일본의 전문가들과 함께 아시아 관계를 주제로 한 회의에 대해서 타협을 했다. 결국 산타바바라(Santa Barbara)에 있는 민주제도연구센터(Center for the Study of Democratic Institutions)와 연락해서 진행하기로 했다.

3. 오후 5시 반부터 기독교회관에서 도착 후의 일을 협의했다. 본국에서 P씨가 와서 같이 이야기하고 협조 방법을 토의했다. 본국에서는 결코 민주 세력이 죽지 않고 있으며 군·민·관 할 것 없이 박정희 씨의 군정을 크게 원망하면서 기회만을 노리고 있는 것은 사실이라고 한다. 지금 모든 희망을 나에게 걸고 있다고 한다.

3월 8일 목요일, 도쿄

1. 10시에 『슈칸겐다이』(週刊現代)의 다치카와 마사키(太刀川正樹) 기자가 와서 취재해갔다. 취재한 내용이 반드시 보도가 될지는 잘 모르겠으나 대담을 요청해서 흔쾌하게 응했다. 한 사람이라도 나를 더 이해하게 되면 비록 당장 보도가 되지 않는다고 해도 언젠가 도움이 될 것이다.

＊"상대의 이야기를 화제로 하면
그는 몇 시간이든지 귀를 기울인다."
– 벤저민 디즈레일리(Benjamin Disraeli)

＊"될 수 있으면 남보다 현명한 것이 좋다.
그러나 그것을 자랑하지 마라."
– 체스터필드 경(Lord Chesterfield)

3월 9일 금요일, 도쿄

1. 김종충 씨와 요코다 유이치 사장을 만나서 요코다 사장의 한국행에 대하여 논의했다. 요코다 사장을 한국에 보내기로 합의가 되어서 요코다 사장이 출발했다. 집에 연락을 보냈다.

2. 오후 1시에 전에 농상(農相)을 역임한 자민당의 아카기 무네노리 의원을 만나서 한국과 아시아 사정에 대해서 이야기했다. 그는 전반적으로 나의 의견을 지지해주었다. 퍽 성실한 분이다.

   * 주여,
   불행한 동포에게 위안과 용기를 주시고
   옥중의 동지들과 가족에게
   신념과 보살핌을 주소서.

3월 10일 토요일, 도쿄

1. 최서면 씨가 와서 한국에 다녀온 이야기를 들었다. 이동원 씨가 마포, 용산 지구에서 출마하라는 박정희 씨 권고를 듣지 않았다는 이유로 지명 케이스에서조차 빠졌다고 한다.*

2. 요코다 유이치 사장이 돌아와서 한국 소식을 전해왔다. 집안은 모두 무사하며 이번 선거에서 야당 인사들은 전국적으로 나의 이름을 내세워서 선거를 했다고 한다. 통일당이 정말 나를 내세우고 옥중 동지들을 출마시키는 선명야당의 모습을 보여주었다면 결과는 달라졌을 것이라고 한다. 아무튼 온갖 부정을 하고서도 38퍼센트밖에 지지를 못 얻은 반면, 국민이 나를 끝내 원했다는 사실은 박정희 정권에게 큰 충격이라는 것이다.

    수도경비사령관 윤필용 소장이 아마 '쿠데타' 모의로 구속

---

* 1973년 2월 27일에 실시된 9대 총선에서 이동원 씨가 지역구 출마를 하지 않아서 박정희 대통령이 지명하는 통일주체국민회의 국회의원이 되지 못했다는 항간의 소문을 거론한 것 같다.

되었다는 것이다.* 내부 파탄을 예측은 했지만 너무도 빠른 듯하다. 중대한 사태다.**

---

* 박정희 대통령의 총애를 받던 윤필용 수도경비사령관이 이후 락 중앙정보부장과 대화를 하면서 "차기는 형님이 해야 한다"고 말한 사실을 박정희 대통령이 알게 되면서 불거진 사건이다. 박정희 대통령은 1973년 3월 강창성 보안사령관에게 이 사건 조사를 지시했고 윤필용과 그의 측근 인사들이 여러 혐의로 처벌을 받았다. 이 사건을 통해서 박정희 대통령이 1인 절대 권력을 추구하고 있으며 아무리 총애한 인사라 하더라도 자신의 권력에 도전하는 듯한 언행을 하게 되면 절대로 용서하지 않는다는 사실을 알 수 있다.

** 윤필용 사건이 국내 언론에 보도된 것은 1973년 4월 28일에 열린 윤필용에 대한 재판 이후다. 사건 자체가 은밀하게 다뤄지고 정보가 제대로 공개되지 않으면서 당시 국내 언론보도를 보면 윤필용의 해임 일자도 1973년 3월 3일, 3월 8일, 3월 9일 등 제각각이며 구속된 날짜도 3월 26일, 3월 28일, 3월 29일 등으로 서로 다르다.

3월 11일 일요일, 도쿄

1. 조활준 씨가 나를 찾아와서 오는 20일경에 있을 민단 간부들의 연수회에 참석해달라는 요청을 했다. 참석 여부에 대해서 생각해보기로 했다.

2. 저녁에 신주쿠의 김종충 씨 댁에서 양준용 씨와 만나서 책 출판 관계에 대해서 협의했다. 책이 나오면 광고를 각 신문에 대대적으로 하기로 하고 그 자금 조달 등을 김종충 씨에게 일임하기로 했다.

3월 12일 월요일, 도쿄

1. 아침에 조치대학(上智大學)의 무샤코우지 킨히데(武者小路 公秀) 교수가 호텔에 와서 아시아와 한국 문제를 주제로 이야기를 나눴다. 그는 나와 같은 천주교 신자로서 나의 문제를 협의했다. 그는 나를 위해서 로마의 교황청 정의평화위원회(Pontifical Commission for Justice and Peace)에 편지를 보내고 교황까지 면회할 수 있도록 도와주기로 했다. 퍽 세련된 인상이며 겸손한 분이었다.

2. 낮에 외무성의 나카히라 노보루 북동아시아 과장과 식사를 하면서 한국 문제를 협의했다. 그는 아직도 윤필용 소장 구속 사건을 모르고 있어서 말해주었다.

3. 나의 책을 낼 출판사의 사장이 인사차 내방했다.

4. 오후 3시에 시이나 에쓰사부로(椎名悦三郎) 자민당 부총재를 찾았다. 약 한 시간 동안 한국에 대한 일본 정책의 실정을 설명하고 그 시정을 촉구했다. 그는 과거 한일회담의 수

석대표였지만 지금은 실정을 잘 모르고 있는 듯하다. 또한 나의 실정 설명에는 많은 자극을 받은 듯하나 실제 어떤 행동을 취할지는 의문이다.

5. 미국 퀘이커교의 관계자인 미세스 니콜라 가이거(Nicola Geiger)가 한국에 거주하기 위해 가는데 만나서 앞으로의 협력에 대해서 협의했다. 함석헌 씨와 특별한 관계가 있는 듯했다. 『크리스천 사이언스 모니터』지의 사쿠라이 양이 통역을 도와주었고 가이거 여사의 딸인 미스 버네사(Vanessa)가 같이 왔다.

6. 오늘 일본 신문에 윤필용 소장 구속 건이 보도되었다.

3월 13일 화요일, 도쿄

1. 지지통신의 나가누마 세츠오(長沼節夫) 기자가 이번 달 말경에 한국에 간다고 하여 특별히 나를 위해 실정을 정확히 파악하여 연락해줄 것을 부탁했다.

2. 오늘 신문에 제주도의 우도에서 간첩이 나와서 민간인을 살해 도주했다는 정부 측 보도가 있다. 그러나 피해자의 이름도 발표되지 않았고 간첩 소행이라는 근거가 너무 박약해서 어디까지 믿어야 할지 의문이다.

3. 미국대사관에 비자를 얻으러 갔는데 일본 측의 재입국 기간이 6개월 이내여서 발급하는 것이 법적으로 불가능하다 하여 다시 일본 측에 연장 조치를 부탁했다.

4. 저녁에 한국에서 돌아온 『아사히신문』 다나카 아키라(田中明) 기자를 만나서 같이 식사를 하면서 한국에 관한 이야기를 들었다.

3월 14일 수요일, 도쿄

1. 아침에 강문규 씨가 와서 내가 도미(渡美)한 이후 미국 기독교계를 설득하여 협조를 얻어낼 수 있는 방법 등에 관해서 설명해주었다.

2. 『요미우리신문』의 논설위원회 다카기 다케오(高木建夫) 고문이 와서 이야기했다. 그가 작년 9월 『슈칸요미우리』(週刊読売)에 쓴 글을 한국 정부가 문제삼아서 요미우리 서울지국이 폐쇄되는 등 필화사건이 발생했다. 다카기 다케오 고문은 자신이 경솔했음을 솔직하게 시인했다.

3. 오늘은 제2차 남북조절위원회가 열리는 날이다. 아마 난관에 부딪힐 것 같다.

3월 15일 목요일, 도쿄

1. 『산케이신문』의 편집위원이며 한국 관계 글을 많이 쓰고 책도 두 권이나 낸 하야시 다케히코(林建彦) 씨가 와서 이야기했다. 그는 한국의 남북문제를 깊이 통찰하고 있으며 남북한 양쪽의 현 체제에 대해서 비판적인 견해를 갖고 있다.

2. 낮에 전에 조선총독부에 근무했던 가마다 사와이치로(鎌田澤一郎) 씨가 와서 오랫동안 이야기하다 갔다.

3. 미스 버네사 가이거를 만나서 앞으로 그녀의 어머니와 나 사이에 연락을 취하는 방법에 대해서 협의했다.

3월 16일 금요일, 도쿄

1. 오후 2시 반에 고노 겐조 참의원 의장을 미국 출발 인사차 예방했다. 그는 나의 주장에 퍽 동정하면서 일본 정부의 정책 변화 가능성을 지적했다.

2. 남북조절위원회는 예상대로 양측의 주장이 대립된 채 공동성명도 없이 헤어졌다. 북한은 먼저 평화협정 체결, 군축문제 등 전쟁 억제의 선행을 주장했으며, 남한은 먼저 문화, 경제 교류 등을 내세웠다. 이는 난센스다. 남북공동성명에는 두 가지가 다 포함되어 있으며 지난번 회의에서는 5개 분과 위원회까지 두기로 하지 않았는가. 남북 양쪽 주장을 동시에 다루어서 안 될 것이 무엇인가. 중요한 것은 성의 문제요, 자세와 여건 문제다.

3월 17일 토요일, 도쿄

1. 외무성 미타니 씨와 중식을 하면서 자세한 이야기를 들었다. 그는 한국에서 2, 3일 전에 귀국했다. 그는 한국과 관련해서 이번처럼 비관적으로 본 적은 없으며 아무래도 오래 가지 못할 것 같다는 의견을 밝혔다. 그는 군과 권력 내의 동요는 계속될 것이며 여기에는 미국이 개재(介在)된 것으로 판단하고 있다. 그리고 경제는 최악의 상태로 가고 있으며 물가고는 급등 중이며 각종 품귀 현상이 막심하다는 것이다.

   윤필용 소장은 박정희 대통령에게 대미 관계의 개선, 이후락, 박종규의 제거를 건의하다가 구속되었다는 것이다(나는 그뿐 아니라 그의 모종 음모가 탄로된 것으로 보며 이후락 씨의 조작도 개재된 듯하다고 말함). 북은 절대 서둘지 않을 것이라고 했다. 이유는 국제정세가 유리하며 박정희 정권 내부의 동요를 얼마든지 흔들 수 있다고 보기 때문이라는 것이다. 일본은 만일의 사태를 대비한 조치를 착수해야 할 단계라고 했다.

2. 나는 미국에 가서 이제 본격적으로 일을 해야 한다. 일본은 아직도 미국을 따라가기 마련이다. 미타니 씨도 나에게 미국을 중시하도록 충언했다.

3. 『무궁화여 영원하라』라는 가제로 출판 계획 중인 책명을 『독재와 나의 투쟁: 한국 야당 전(前) 대통령 후보의 수기』라는 제목으로 출판하기로 했다. 대대적으로 선전할 계획이며 이와 관련해서 김종충, 양준용, 이시카와 쇼 부부장이 협의 중이다. 초교(初校)의 반쯤 완료했다.

4. 이시카와 부부장을 만나 그의 한국행, 책명, 출발 전 기자회견 등에 대해서 협의했다.

3월 18일 일요일, 도쿄

1. 미스 버네사 가이거를 만나서 한국에 있는 그녀의 어머니와의 연락 관계를 협의했다.

2. 양일동 씨에게 전화해서 모레 20일에 만나기로 했다. 그는 지금 당뇨 관계로 입원 중이다.

3월 19일 월요일, 도쿄

1. 『주오코론』의 오카다 편집차장과 아침 식사를 같이 하면서 한국 사정 및 일본 정책의 실수를 설명했다. 그는 정직한 사람으로 잘 이해해주었다.

2. 오후에 최근까지 『마이니치신문』 서울특파원으로 있었던 나카노 겐지(中野謙二) 기자가 와서 이야기했다. 그는 평소 아주 성실하고 열심히 노력하는 기자인데 한국 사정을 잘 알고 있지 않는 듯하다.

3. 김종충, 모리(森) 씨 등과 같이 책 출판 건을 협의했다. 책명은 『독재와 나의 투쟁: 한국 야당 전(前) 대통령 후보의 기록』으로 하기로 했다.

4. 오는 23일 오후 3시 반 프레스클럽에서 기자회견을 하고 미국으로 건너갈 예정이다.

3월 20일 화요일

1. 아침에 양일동 씨를 만나기 위해서 연락하여 연결이 되었는데 병원 치료 시간이라고 하여 만나지 못했다.

2. 한국연구원에 가서 최서면 원장에게 한국 사태를 설명하고 만일의 변화에 대비하도록 부탁했다.

3. 오후 3시 『워싱턴포스트』지의 오버도퍼 기자가 와서 한국으로 출장 가기 전에 참고 자료를 요구해서 여러 가지 이야기를 해주었다.

4. 오후 5시 지지통신의 기자가 와서 같이 한국 상황을 주제로 이야기했다.

5. 모가미 미키(最上三樹) 씨가 나를 찾아와서 같이 이야기했다.

3월 21일 수요일, 도쿄

1. 아침 기차로 하코네 유모토(箱根湯本)에 가서 민단, 한청, 부인회 등 150명 정도 전국 대표들이 참석한 연수회에 가서 강연했다. 약 2시간의 강연과 질의응답을 했는데 대단히 큰 성과를 얻었다. 청중들은 박수와 환성으로 나의 이야기에 적극적인 동감을 표시했고 낙루(落淚)하는 사람도 있었다. 이분들이 내 강연을 듣고 큰 감명을 받았으며 새로운 결심을 하게 된 것 같다.

   최근 중앙정보부의 공세, 본국과 장래에 대한 정보 및 전망 불충분으로 약간 동요했던 인사들도 모두 입장이 확고해졌다고 한다. 회의에서는 나의 주장 즉 "먼저 본국의 민주정부 수립이 이뤄져야만 조국의 통일과 재일민단 교포의 민주적 권리보장도 있을 수 있으니 재일민단 민주 세력은 이에 총집중해야 한다"는 것을 전적으로 받아들인 것 같다. 박병채, 김종충 씨가 배중도 군과 같이 동행했다.

2. 밤 9시에 양일동 씨와 만나기로 해서 하코네(箱根)에서 서둘러 왔으나 아무 연락이 없다. 어제의 태도나 미타니 씨의 말(그는 야당이 아니다)로 보아 아무래도 회피한 것 같다. 병원도 어제 퇴원해버려서 만날 수가 없다. 잘 생각해보면 지금 같은 국내 여건에서 나를 만나고 가기 어려울 수도 있겠다는 생각이 들기는 한다. 그러면 차라리 전화 통화를 하자고 했으면 될 것인데.

3월 22일 목요일, 도쿄

1. 게이오병원(慶應病院)에 가서 고토 유이치로(五島雄一郎) 박사 특진으로 신경, 위장, 혈액 등을 검사했다. 결과는 내일 알 수 있다.

2. 오후 3시에 『아사히신문』의 유명한 기자인 혼다 가쓰이치(本多勝一)가 와서 인터뷰를 했다. 오늘 인터뷰한 내용은 『겐다이노마나코』(現代の眼)라는 잡지에서 나온다고 한다.

3. 『아사히신문』의 오모리 부주간이 인도에서 돌아와서 저녁을 같이 했다. 인도는 역시 위대한 지도자가 연속적으로 나왔기 때문에 그와 같은 열악한 조건 속에서도 언론자유, 선거자유, 의회민주주의 등의 민주제도가 정착해가고 있다는 사실에 크게 느끼는 바가 많다. 나의 책임을 거듭 느끼고 다짐했다.

3월 23일 금요일, 도쿄

1. 게이오병원에서 한 검진 결과는 지난번보다 대단히 좋아졌다. 다만, 혈액검사에서 요산이 좀 많은 것으로 나왔기 때문에 소고기와 돼지고기를 피해야 한다고 한다. 걱정하던 신장은 아주 좋다.

2. 12시에 교도통신의 우치다 겐조 부국장 그리고 『세카이』의 야스에 료스케 편집장과 점심을 같이 하면서 현재의 정세를 여러 측면에서 검토했고 내가 미국으로 건너간 이후의 일들에 대해서 협의했다.

3. 오후 3시 반부터 외신기자클럽에서 기자회견을 가졌다. 먼저 내가 "박정희 정권의 종결은 결코 멀지 않다", "한국에 민주 정권이 서지 않는 한 통일에 대해서 양심과 자신을 가지고 실현해나갈 가능성은 없다"는 요지의 성명을 발표했다. 이어서 각국 기자들의 진지한 질문이 있은 후 끝났다. 이번까지 네 번의 회견을 여기에서 했다.

4. 오후 5시부터 호텔에서 서독 국영TV의 한국 특집방송 촬영에 응했다. 서독 국영TV는 오늘 내가 발표한 통일정책과 미국과 일본이 독재정권을 지원하여 아시아의 민주주의를 망치고 있다고 한 나의 주장에 관심을 갖고 취재를 했다.

5. 호텔에서 우연히 최영근 씨를 만났다. 그의 방에서 잠시 이야기했는데 한국의 지배층 내에서도 현 정권이 오래가지 못한다는 생각들이 매우 큰 모양이다. 일본에서도 최근 한국 선거의 여당 득표율 38퍼센트(부정을 하고도), 미 상원 외교위 보고서 그리고 윤필용 사건 등으로 오래가지 못한다는 의견이 크게 대두하고 있다.

6. 당초 나는 해외생활을 적어도 2, 3년은 각오했으나 요즘 정세는 언제 급격한 사태가 있을지 모른다. 만일에 대비한 수단을 급히 서둘러야겠다.

3월 24일 토요일, 도쿄

1. 내일 출발하기 때문에 여기저기 필요한 연락을 취했다. 아무리 일을 해도 끝이 없다. 책 원고 교정 일부는 미국까지 가지고 가야 할 것 같다.

2. 오사카에서 김종철 형님 내외와 도쿄에 있는 윤발매 씨가 와서 같이 저녁을 했다. 종철 씨는 비록 경제적인 형편은 여의치 않지만 인간적으로 매우 훌륭한 분이다.

3. 이인하 목사와 만나서 캐나다에 다녀온 이야기를 듣고 앞날의 여러 가지 일을 협의했다. 일본에서 신문을 발행하는 것과 관련된 일은 김종충 씨와 협의해서 정하도록 했다.

4. 미스 버네사 가이거를 통해서 그녀의 어머니가 한국에서 보내온 집안의 편지(아내와 동생 대의)를 받았고 다시 한국의 함석헌, 김지하 씨에게 보내는 편지를 부탁했다. 다음 주 후에나 입국 편이 있을 듯하다.

3월 25일 일요일, 도쿄 → 워싱턴 D.C.

1. 정경모 씨와 아침 식사를 같이 하면서 신문 발행 문제에 대해서 의논했다. 진행 과정에서 상호 간의 약간의 이해 부족이 있었던 점에 대해서 서로 토의하고 앞으로의 일은 김종충 씨와 협의해서 정하도록 했다.

2. 오후 6시 하네다 출발. 오후 9시 25분 워싱턴 D.C. 도착. 하네다에서는 재일한국인 등 약 30명이 환송했고 워싱턴 D.C.에서는 성호 부부, 이주성 씨 부부, 유기홍 박사 부부, 강영채 박사 부부, 최동현*·문명자 부부 등이 마중을 나왔다.

3. 성호 집에 들렀다 이주성 씨 댁에서 잤다. 워싱턴 D.C.의 호텔은 초만원이어서 호텔 예약을 하지 못했다고 한다.

---

* 최동현. 1929년에 태어났으며 동양통신 초대 워싱턴 특파원을 지냈다. 언론인 문명자의 남편이다.

3월 26일 월요일, 워싱턴 D.C.

1. 호텔을 잡기 위해 여기저기 알아보았으나 뜻을 이루지 못하고 결국 메이플라워호텔의 부매니저인 미스터 로저(Roger)의 알선으로 매사추세츠거리(Massachusetts Avenue)의 앨본타워호텔(Albon Tower Hotel)이라는 곳에 자리를 잡았다. 텅 빈 고성(古城) 같고 형편없는 곳이다.

2. 성호, 이근팔 씨, 신○○ 씨 등과 같이 정재욱 군이 경영하는 '서울팰리스'에서 저녁을 했다. 신 씨는 최근 한국에서 온 사람인데 퍽 똑똑한 청년이다. 정재욱 군은 대장부다운 인물로 장래 민주 회복을 위해 한 역할을 할 것이다.

3. 미국에 와보니 교포 사회에서는 예상 이상으로 본국 소식을 모르고 있다. 정세가 박정희 씨에게 크게 불리하게 돌아가고 있는 사실을 까마득히 모르고 있는 사람이 많다. 일본과 미국 사이의 정보 차이와 실감도의 차이에 기인한 현상인 듯하다.

*이제 가장 중요한 이 지역에서
 침착하고 슬기롭게
 사태를 발전시켜 나가자!

3월 27일 화요일, 워싱턴 D.C.

1. 성호 군을 시켜 한국의 집에 나의 미국 도착 소식을 알렸다. 집도 무사하다 한다. 나는 이토록 편히 돌아다니지만 가족들은 기막힌 고통을 겪고 있고 더군다나 한순간의 여유도 없이 계속해서 나에 대해 걱정하고 있으니 참으로 가슴 아픈 일이다. 주님의 가호를 빈다.

2. 중국집 '페킹'(Peking)에서 식사를 하면서 이근팔 씨와 같이 일하기로 했다. 그는 인품이 훌륭하고 외교관으로서 양심적이고 올바른 생활을 했으며 특히 과거 학생 시절 야당의원 선거에 여러 번 도움을 준 적이 있는 것을 감안할 때 아주 좋은 인재를 구한 것으로 판단된다.

3. 『뉴욕타임스』의 존 오크스 편집장, 하버드대학교의 에드윈 라이샤워 교수 두 분에게 나의 귀국 사실을 알리고 일본에서 내가 발송한 선물을 찾아서 가져갈 수 있도록 했다.

4. 『워싱턴포스트』지에 26일과 27일 연속으로 한국 관련 기사가 나왔다. 26일 내용은 통일이 잘 진전되지 않으며 박정희 씨가 자기의 독재체제를 갖추니까 사보타주한다는 요지다. 27일 내용은 윤필용 소장 구속 사건을 다루면서 권력층 내부의 동요에 대한 내용을 실었으며 김종필 씨도 이후락 씨도 제2인자로서 불안한 상태라는 것이다. 『크리스천 사이언스 모니터』지가 역시 윤필용 소장 건을 실었는데 나의 말(윤필용 씨가 박정희 대통령에게 대미관계 개선과 이후락 제거를 건의하다 구속되었다)까지 인용되어 있다 한다.

5. 『자유공화국』(*Free Republic*)을 발행하는 강영채 박사로부터 이 신문의 운영 현황을 듣고 앞으로 매월 고정적으로 일정 금액을 도와주기로 했다. 이 신문은 앞으로 잘 발전할 수 있을 것 같다.

6. 이주성 씨 댁에서 저녁 식사를 하면서 앞으로의 일들에 관해 협의했다. 이주성 씨 내외는 모두 지극한 성의를 가지고 있다.

* 상대방의 일에 관심을 표시하라!
그는 얼마든지 즐겨 이야기할 것이다.
나의 자랑을 말라!
상대는 즉시 저항을 느낄 것이다.

3월 28일 수요일, 워싱턴 D.C.

1. 점심을 『이브닝스타 앤 데일리 뉴스』지의 크로스비 노이스 칼럼니스트와 같이 했다. 매우 직선적이고 예민한 판단력을 가진 사람이다.

2. 미국에 와서 보니 정말로 본국과의 거리감을 느낄 수 있다. 나의 연락도* 그럴 뿐 아니라 여기 교포와 미국인의 실정도 본국 사태에 퍽 둔감한 듯하다.

    * 전투에는 지더라도
    전쟁에는 이겨야 한다.
    전쟁에 이기는 길은
    역사와 국민의 뜻에 합치하는 것이다.

---

* '한국에 연락하는 것'을 의미할 수도 있고 '미국에서 김대중의 견해에 관심을 가질 만한 사람을 찾는 것'을 의미할 수도 있다.

3월 29일 목요일, 워싱턴 D.C.

1. 『한민신보』의 정기용 군을 만나서 그의 2년여에 걸친 노고를 치하하고 『자유공화국』에 구애되지 말고 독자적으로 잘 발전시키며 좋은 의미의 경쟁을 하도록 격려했다. 같이 위스콘신거리에 있는 '미카도'(Mikado)라는 일본식당에서 식사를 했다.

   * 모든 사람이 높은 지조와 벅찬 감격으로
     활기차게 하는 것.
     이것이 지도자가 이룰 인간관계다.
     그러기 위해서는 자신이 항시 사표가 되는
     모범을 보이는 동시에
     상대의 장점과 특성을 파악하여
     격려 협조해주어야 할 것이다.

3월 30일 금요일, 워싱턴 D.C.

1. 워싱턴 D.C.에 주재하는 한국 기자 중 조세형, 권오기, 홍성원 등 3명이 와서 함께 중식을 같이 하면서 본국의 상황에 대한 주제로 이야기를 했다. 모두 일치된 의견은 최근 박정희 정권이 이성을 잃고 일반 국민에게까지 도전하는 자세(산림법, 관혼상제, 경범죄, 주민세, 전화세, 온실 폐지 등)는 확실히 이성을 잃은 독재정권의 말기적 증상이 강하며 예상보다 조기 붕괴의 가능성이 보인다는 것이다.

2. 메이플라워호텔의 뉴욕스위트를 빌려서 저녁 식사를 하면서 본국 정세, 일본 사정, 앞으로의 대책 등을 논의했다. 미국 전체를 포함하는 조직 형성에 모두 양해를 한 것이다. 출석자 중 중요 인사는 뉴욕에서 임창영 박사 부부, 김상돈, 권석남, 장석윤, 조광남, 임병규 등이고 시카고에서는 최명상, 필라델피아에서는 변영호 그리고 워싱턴 D.C.에서는 전규홍, 안병국,* 장극, 장태욱, 박원규, 이종삼, 김웅

---

* 안병국(1924-2010). 김대중 납치사건 이후 한민통 미국본부

창, 강영채, 신대식, 이주성 부부, 이성호 부부 등 약 36명이 참석했다. 매우 성공적인 회합이었다.

* "용기는 인생에 있어서 가장 중요한 특질이다.
　이것이 있으면 다른 특질은
　자연스럽게 생기기 때문이다."
　-윈스턴 처칠

의장대행으로 활동한 목사다.

3월 31일 토요일, 워싱턴 D.C.

1. 외지에서 온 분들의 호텔 숙박과 항공편을 모두 부담하느라 많은 비용이 들었다. 오늘 비행기를 타고 출발했다.

2. 정기용 군의 소개로 『한민신보』를 돕고 있는 김현태 씨를 만났다. 교포로서는 재력이 좋은 편이라 한다. 정기용 군 일을 잘 부탁했다.

3. 오늘 『워싱턴포스트』지를 보면 미국의 엘리엇 리처드슨(Elliot Richardson) 국방장관이 앞으로 1년 동안 주한미군 4만 명의 감축을 하지 않는다는 것과 함께 아시아에서의 급격한 미군 철수는 소련의 진출 가능성을 높이고 중국의 우려를 크게 하므로 이것을 피해야 한다는 입장을 표명했다. 리처드슨 장관의 발언은 미국의 정책 방향을 이해하는 데에 중요한 입장이라고 볼 수 있다.

1973년 4월

"정권을 잡을 때까지는 이데올로기 또는
대의명분을 높이 걸고 이를 대중적으로
설득하고 선동하기 위한
웅변이 매우 중요하다.
그러나 일단 집권하면
이러한 대의명분과 더불어 구체적으로
대중의 생활을 향상시키고
국가의 발전을 성취할 수 있는
정책이 필요하다."

4월 1일 일요일, 워싱턴 D.C.

1. 오늘은 만우절. 교포들 사이에는 "본국에서 박정희 정권이 쿠데타를 당했다", "남북통일이 합의되었다", "전쟁이 재발했다"는 등의 거짓으로 서로 놀라게 했다 한다. 오늘의 그들의 기대와 걱정을 단적으로 표시한 것이다.

2. 오후 5시에 재미교포 천주교 신자들이 모여서 한 달에 한 번씩 갖는 미사에 참석했다. 마침 뉴저지에서 손영일 신부가 오셔서 집전을 했다. 조국의 민주주의 회복, 동포들의 위로 그리고 가족의 안전을 위해 기도했다.

3. 저녁에 안병국 목사 댁에서 30여 명의 교포 명사들과 함께 식사를 했다. 매우 유쾌하고 진지한 미팅이었다.

4월 2일 월요일, 워싱턴 D.C.

1. 오홍석 의원의 아우인 오명석 군이 워싱턴에 살고 있는데 나를 찾아와서 같이 환담했다. 형을 닮아서 침착하며 똑똑한 청년인 것 같다. 브라질 관계로 연락할 만한 인사를 접촉시켜주기로 했다. 적당한 인물을 찾던 중 다행한 일이다.

* "항상 바른 일을 하라!
  사람이 기뻐하거나 깜짝 놀라거나
  상관할 것 없다."
  -마크 트웨인(Mark Twain)

* "끝난 일은 끝난 것이다.
  과거를 되돌아보지 않고
  희망을 가지고 새로운 목표에 전진하라."
  -조지 마셜 장군(General George C. Marshall)

*"시간은 슬픔과 다툼을 아물게 한다.

　사람은 모두 변한다.

　과거의 나는 벌써 현재의 내가 아니다.

　고민하는 자나 괴롭힌 자나

　때가 지나면 모두 별도의 사람이 된다."

　-블레즈 파스칼(Blaise Pascal)

4월 3일 화요일, 워싱턴 D.C.

1. 조세형 씨를 만나서 미국 사정을 여러 가지로 들었다. 그는 매우 우수한 판단력을 가졌으며 장차 소중히 써야 할 인물이다.

2. 국무부의 도널드 레나드 한국과장 그리고 미스터 크레이브(Kreib)와 같이 중식을 했다. 미국 측도 박정희 정권이 지금 같은 상태로는 2, 3년 더 가기 어렵다고 보는 것 같다. 다만 그들은 경제 상태는 양호하며 독재가 문제라는 것이다. 윤필용 소장 사건에 대해서는 너무 모르고 있다. 막강한 정보 조직을 가지고 실제로 그토록 모를까?

3. 일본에서 이시카와 쇼 부부장으로부터 전화가 왔는데 6명의 장군이 구속되어 있다고 한다. 일본 외무성도 매우 사태를 중시하고 있다는 것이다.

4월 4일 수요일, 워싱턴 D.C.

1. 점심에 마종인(전 공군대령, 볼티모어Baltimore) 씨를 만나서 한국 사태에 대해서 이야기하고 앞으로 적극 협조하기로 했다.

2. 저녁에 강영훈, 김웅수 두 장군과 식사하면서 한국 사태에 대해서 이야기하고 앞으로의 협조 방안에 대해서 검토했다. 모든 사람을 전부 노출시킬 필요는 없고 어느 날 갑자기 어떤 일이 발생했을 때의 중개 역할 또는 대군(對軍) 작업을 할 수 있는 인사가 필요한 것이다.

  * "남의 말에 신경 쓰지 말고
    세상이 깜짝 놀랄 일을 하는 데
    전력을 다하라."
    – 데일 카네기(Dale Carnegie)

＊ "우리에게는 자기가 아직 발견하지 못한 능력이
숨겨져 있다. 꿈과 같은 일을 해낼 힘이 있는
것이다. 누구든지 이와 같은 점을 깨닫는다면
전에는 불가능하다고 생각했던 일을
훌륭히 성취할 수가 있다."
- 데일 카네기

＊ 정권을 잡을 때까지는 이데올로기 또는
대의명분을 높이 걸고 이를 대중적으로
설득하고 선동하기 위한 웅변이 매우 중요하다.
그러나 일단 집권하면
이러한 대의명분과 더불어 구체적으로
대중의 생활을 향상시키고
국가의 발전을 성취할 수 있는 정책이 필요하다.
이 정책은 국제, 국내의 정확한 정보와
과장 없는 숫자 그리고 있는 그대로의 사실에
입각하여 아주 실제성이 있어야 한다.

만일 여기에서 실패하면
정치가의 말로가 시작되는 것이며
민중은 이반할 것이다.
인도네시아의 수카르노(Sukarno),
가나의 은크루마가 모두 이 부류에 속한다.
그들은 청년의 웅변으로 대중을 열광시켰다.
그러나 이것은 따지고 보면
대중에 대한 무책임한 선동이요
기만이 되고 만 것이다.

4월 5일 목요일, 워싱턴 D.C.

1. 『자유공화국』지의 제2호가 나왔다. 나의 도쿄 기자회견 연설을 제4면(영문 면)에 싣고 제1면 국문 면에도 나에 관한 기사가 나왔다. 윤필용 소장 사건이 상당히 센세이셔널하게 취급되어 있다.

2. 리처드 핼로런 도쿄지국장이 윤필용 사건에 대해서 쓴 기사가 『뉴욕타임스』와 『이브닝스타』에 실려 있다. 박정희 정권도 이제는 더 감출 수 없어서 이를 공표한 것 같다. 죄명은 수뢰, 직권남용, 추행 등인데 그 내용을 보면 윤필용 소장이 박정희 정권 내에서는 그래도 깨끗한 자였다는 것을 오히려 반증하고 있다.

   수뢰액이 7,500달러와 2,500달러인데 이는 그들 집권층의 몇천만 달러 또는 모(某) 실력자의 1억 달러 등에 비하면 황우일모(黃牛一毛) 격이다. 물론 이유는 딴 데 있는데 이를 사실대로 발표하지 못하는 데에 문제점이 있는 것이다.

   내가 그동안 일본과 미국에서 발표한 사항들 "1) 3월 5일 윤필용 소장이 박정희 대통령에게 대미관계 개선과 이후

락, 박종규 제거를 요구했다. 2) 3월 9일 그는 쿠데타의 사전 발각으로 체포되었다. 3) 여기에는 수 명의 장군을 포함해서 수십 명이 연루되어 있다"가 거의 정확했던 것으로 보인다.

이번 사건의 한 가지 교훈은 칼로 잡은 자는 칼로 망한다는 진리가 다시 한번 확인된 것이다. 윤필용 소장의 그간의 횡포(위수령과 계엄령 때)와 세도가 오늘같이 될 것을 꼭 예견하지 못한 바는 아니다. 다음은 이후락 그리고 박정희 씨의 차례다. 이는 만고의 진리에 의한 필연적 운명이 아닐까.

4월 6일 금요일, 워싱턴 D.C.

1. 이홍구* 서울대 교수와 점심을 같이 했다. 그는 지금 1년 예정으로 워싱턴에 와서 연구생활 중이다. 라이샤워 교수가 지난 3월에 존스홉킨스대학(Johns Hopkins University)에서 연설하면서 "한국에서는 1, 2년 내에 국민이 일어나서 독재정권을 타도할 것이 틀림없다"는 내용을 이야기한 적이 있는데 이홍구 교수가 이때 참석해서 강연을 들었다고 하면서 상세한 내용을 말해주었다. 이홍구 교수는 성호 군과 중학교 동창으로 매우 유쾌하고 장래성 있는 사람이다.

2. 저녁을 이주성 씨 댁에서 했다. 성호 부부, 이근팔 씨가 동석하고 나중에 박원혁 부부가 참석해서 유쾌하게 환담.

---

* 이홍구(1934-). 미국 예일대학교에서 박사학위를 받고 서울대학교 정치학과 교수(1969-88)로 활동했다. 노태우 정부에서는 국토통일원장관(1988. 2-1990. 3), 김영삼 정부에서는 국무총리(1994. 12-1995. 12), 김대중 정부에서는 주미대사(1998. 4-2000. 8)를 역임했다.

* 사람은 어느 땐가 죽는다.
　그러나 살아 있는 동안만이라도
　바르고 철저하게 산 자가
　진실로 인생을 살았다고 할 것이다.

1973년 4월

4월 7일 토요일, 워싱턴 D.C.

1. 어제 성호 군과 이근팔 씨가 만나본 미스 스테파니 데거슨(Stephanie Degason)을 만나보았다. 전에 캘리포니아 하원의원 미스터 빌(Bill)의 비서를 했으며 연설문 작성, 공보업무 등을 한 유능한 여성이다. 대학은 매사추세츠주에 있는 스미스 칼리지(Smith College)를 나왔다. 그녀는 우리가 필요로 하는 능력과 경력을 훌륭하게 갖춘 인재인데 요구하는 급료의 수준이 높아서 고민이다.

2. 본국의 홍일 모(母)로부터 편지가 왔는데 최근 아내의 심정이 상당히 불안정한 것 같다. 한국에서 그가 겪을 현실을 생각하면 지금까지 용케도 잘 버티어 와주고 있다. 하느님에 대한 신앙으로 마음의 안정을 찾으려는 노력이 편지의 구구절절에 넘쳐 있다. 주님께서 아내에게 용기와 위로를 주시도록 기도할 뿐이다.

4월 8일 일요일, 워싱턴 D.C.

1. 『한민신보』의 정기용 군과 같이 중식을 하면서 그의 신문 제작 등을 협의했다. 『자유공화국』과 선의의 경쟁을 통하여 좋은 신문을 만들도록 격려했다.

2. 오늘 『워싱턴포스트』지는 휴전선과 주한미군 문제에 대해서 보도했다. "주한미군이 특히 할 일이 없어서 술, 여자, 권태로 소일하고 있다. 어느 사단에서는 한 해 동안 1만 3,000명의 장병 중 90퍼센트가 성병을 거쳤다. 전에는 한국에 신병이 부임해오면 미군은 자유수호를 위해서 주둔하고 있다고 교육했으나, 1972년 10월 17일 비상계엄 선포 이후에는 이런 말이 일절 없어졌다"는 등의 장문의 기사다. 그런데 『워싱턴포스트』지는 한편에서는 부산 근방의 새마을사업장을 시찰하고 대체적으로 이를 긍정하는 방향으로 쓰고 있다. 외부 인사의 입장에서는 더구나 500달러의 상금까지 탄 마을을 안내받으면 무리가 아니겠지. 여하튼 새마을사업은 금년에 판가름이 난다. 가을에 두고 보면 알 일이다.

3. 시애틀(Seattle)의 이선복 씨와 통화했다. 그리고 플로리다(Florida)주 푸에르토리코 국민대학의 객원교수로 재직 중인 유기천 박사와도 통화했다.

4월 9일 월요일, 워싱턴 D.C.

1. 유기천 박사와 연락하여 오는 13일 마이애미에서 만나기로 했다. 시애틀의 이선복 씨와 연락해서 오는 24일과 25일 양일에 걸쳐 교포 집회와 위스콘신대학(University of Wisconsin)에서의 강연을 갖기로 했다.

2. 뉴욕 기독교교회협의회 본부에 전화를 했다. 미스터 루이덴스(Luidens) 씨의 연락으로 18일 저녁 식사를 몇 분과 같이 하기로 했다. 보스턴의 그레고리 헨더슨 교수와는 17일 밤 뉴욕에서 만나기로 했다. UN에 가 있는 사카모토 요시카즈 도쿄대 교수와도 18일 낮에 만나기로 했다.

3. 『자유공화국』의 간부들과 식사를 하면서 신문발행의 노고를 치하하고 환담했다. 강영채 박사, 신대식 목사, 이범동 씨 등이 참석했다. 그들은 자신들의 생활을 돌보지 않고 매일 밤늦게까지 수고하고 있으니 참으로 장하고 고마운 일이다.

4. 성호 군이 록힐(Rockhill) 집을 팔고 이사하게 되어 그 뒤처리를 협의했다.

4월 10일 화요일, 워싱턴 D.C.

1. 점심에 『이브닝스타』 칼럼니스트인 밀턴 비오스트(Milton Viorst) 씨를 만났다. 그는 한국전쟁에도 참전한 바 있으며 작년 말에 한국에 다녀왔다. 그의 논평은 현재 미국 사회의 대표적인 견해를 반영하고 있다. 이런 내용이다.

"박정희 씨가 하는 행동이 마음에 들지 않지만 지금 상황에서는 어쩔 수가 없다. 박정희 정권 집권 기간 동안 경제는 크게 발전했고 당장 한국 국민의 큰 반발이 없기도 하다. 이런 상황에서 지금 박정희 씨에게 서구식 민주주의를 하라고 하는 것은 무리다."

미국인들의 이러한 잘못된 인식이 나타나게 된 배경에 소위 실용주의(Pragmatism)적인 태도가 있는 것인지 여하간 원칙에 약하다는 생각이 든다. 미국의 이러한 결함이 아시아에서 반공을 위해서라면 원칙인 민주주의를 포기하고 독재자들을 도운 것으로 나타났다. 다만 미스터 비오스트가 "미국은 한국 국민이 일어나면 이를 도울 것으로 본다"

고 한 말은 색다른 이야기였다. 나도 그렇게 판단한다.

2. 풀브라이트 상원 외교위원장이 대외 군사원조의 대폭 삭감과 군사원조액에 대한 현지 통화저축율을 50퍼센트로 인상하는 것을 제안했다. 특히 그는 미국 무기를 가지고 자국민을 공격하지 못하도록 요구했다 한다. 이는 참으로 획기적인 제안이다.

3. 비서보(補)였던 미스 스테파니 데거슨은 결국 조건 등 때문에 그만두게 될 것 같다.

4월 11일 수요일, 워싱턴 D.C.

1. 점심을 안병국 목사와 같이 하면서 교포 조직에 관해서 협의했다.

2. 저녁에 성호 군 댁에서 역시 조직에 관하여 협의했다. 참석자는 안병국, 이주성 부부, 박원혁 부부, 이성호 부부, 유기홍, 장성남, 이근팔, 이재곤, 마종인, 정기용 등이다. 결국 소위를 구성해서 준비에 착수하기로 했다. 초점은 나의 직접 참여다.

3. 체류 기간이 16일로 끝나기 때문에 이를 연기할 수 있도록 국무부의 도널드 레나드 한국과장에게 지원을 요청해서 논의 중이다.

＊ 명랑, 활달, 애교는 대중적 인기의 근원이다.

＊ "군자는 화이부동(和而不同)이고
　소인은 동이불화(同而不和)한다."＊
　-공자

＊ "군자는 공적인 가치를 중시하면서 사사로운 이익에 얽매이지 않으며 소인은 사사로운 이해관계를 중시하고 공적인 가치를 소홀히 한다"는 뜻이다.

4월 12일 목요일, 워싱턴 D.C. → 마이애미

1. 유기천 박사를 만나기 위해 10시 45분에 출발하는 이스턴 항공(Eastern Airlines) 편으로 마이애미에 갔다. 숙소는 마이애미 비치의 도럴호텔(Doral Hotel)에 투숙했다. 오랜만에 좀 쉬고 독서도 했다. 저녁에는 미스 브루어(Brewer)의 안내로 시내와 쇼를 구경했다. 매우 친절하고 교양 있는 영국계 여성이다.

4월 13일 금요일, 마이애미

1. 택시를 타고 시내 구경을 했다. 마이애미는 참으로 경치가 좋은 곳인 동시에 미국 부호들이 집중적으로 거주하는 곳이기도 하다. 그들은 여름에는 북쪽으로 갔다가 겨울이면 여기로 온다. 운전사가 60세의 노인인데 그는 이러한 부호들을 퍽 자랑스러운 듯이 설명한다. 미국에서 특별히 느낀 것은 서민들 사이에서 부유층에 대한 시기나 반감이 별로 나타나지 않는다는 사실이다. 이 운전사는 나의 나이를 25세로 보고 있었다. 일본, 미국 어디를 가나 나의 나이를 35-36세 정도로 본다.

2. 유기천 박사를 만나서 장시간 이야기했다. 여러 가지 참고될 이야기를 들었다. 본인은 겁나서 그런 것이 아니라고 부인하나 지나치게 정보정치를 신경 쓰는 것 같아서 좀 어이가 없다.

4월 14일 토요일, 마이애미 → 세인트루이스

1. 세인트루이스를 출발하기 전에 전부터 알고 있는 리사 코런(Lisa Coren)이 찾아와서 같이 이야기하다 공항까지 바래다주었다.

2. 세인트루이스의 콘코디아 신학교(Concordia Seminary)에서 개최된 '제7회 재미 한국기독학자협회 연례회의'에서 초청 연설을 했다. 이를 방해하기 위해 본국에서 중앙정보부의 8국 부국장이 동원모* 박사에게 전화를 하는 등의 소동이 있었다. 나의 강연은 성공적인 것이었으며 특히 대안을 제시한 것이 퍽 좋았다는 것이다. 여기에서 100여 명 모인 전 미국의 학자들을 만나게 되어서 퍽 다행이었다. 금년에는 이례적으로 그들의 의사를 표시하는 성명을 채택했다. 그

---

* 동원모. 1935년에 태어났으며 1965년 미국 조지타운대학교에서 정치학 박사학위를 받았다. 1968년부터 서던메소디스트대학(Southern Methodist University)에서 교수로 활동했다. 북미한인기독학자회 총무 및 회장(1973-80)을 지냈고 한민통 미국본부에서도 활동했다.

러나 이러한 행동을 하는 것을 주저하고 다른 의견을 제시하는 사람들이 있어서 집행부 명의로 발표했다. 여기 미국까지 와서 최고의 지성인이라는 사람들이 겁을 집어먹는 모습을 보면 참으로 본국에서 싸우는 동포들이 측은하다.

4월 15일 일요일, 세인트루이스 → 워싱턴 D.C.

1. 점심을 이승만, 동원모, 조순승 씨 등 20여 명과 같이 하고 세인트루이스에 거주하는 정택열 씨 가족의 편의로 공항에 나왔다. 이번 세인트루이스에서 열린 '제7회 재미 한국 기독학자협회 연례회의'는 지금까지 내가 참석한 어떤 행사보다도 영향이 더 클 것 같다는 생각이 든다.

> *"예수가 오늘 성경의 말씀보다 천배 더 훌륭한
> 말씀을 했다고 해도 만일 그가 십자가의 희생을
> 회피했다면 오늘의 기독교는 없었을 것이다.
> 오늘 한국의 기독교가 대중의 슬픔과 고통을
> 같이 맛보지 않고 그들을 구출하기 위한
> 희생을 회피하고 교회 안에만 들어 있다면
> 결코 기독교는 대중 속에서
> 살아남지 못할 것이다."
> -4월 14일 세인트루이스 강연

4월 16일 월요일, 워싱턴 D.C.

1. 본국에서 서민호* 선생 내외가 와서 같은 호텔에 투숙했다. 여러 가지 본국 사정도 듣고 여기의 설명도 해드렸다. 본국 사정은 대개 이미 알고 있는 대로였다. 요사이는 국내에 있는 분들이 더 국내의 사정을 모른다. 그러나 요즈음 국내에서 온 분들이 모두 나를 회피하는데 서민호 선생의 태도는 참 용기 있는 처사다.

2. 텍사스(Texas)의 서석순 박사, 켄터키(Kentucky)의 이승만 박사, 시애틀의 이선복 씨, 시카고의 최명상 씨 등과 통화했다.

---

* 서민호(1903-74). 독립운동가이자 정치인으로서 4선(2, 5-7대) 국회의원을 역임했다. 김대중과 가깝게 지냈으며 김대중은 망명시기에 자신을 찾아준 서민호에 대해 감사하게 생각했다. 서민호 서거 1주기인 1975년 1월 24일 김대중은 『동아일보』에 실은 '서민호 선생을 추모하는 글'에서, 많은 사람이 망명 중인 자신을 피하는 상황에 서민호 선생이 도쿄에서 먼저 전화해 약속을 잡았다는 점을 회상하며 서민호 선생의 용기에 감사의 뜻을 표했다.

＊상대방의 장점을 발견하는 것.
이것이 상대를 좋아하게 되는 방법일 것이다.
부부 간의 행복도, 친구 간의 우정도,
동료 부하 간의 협조도 여기서부터 생겨난다.

4월 17일 화요일, 워싱턴 D.C. → 뉴욕

1. 낮에 셔틀로 뉴욕에 왔다. 저녁에 아시안 소사이어티(Asian Society)의 패널 토론에 참가해서 방청했다. 『코리아위크』(Koreaweek)의 김보성 씨, 『뉴스위크』와 『로스앤젤레스타임스』(L.A. Times)의 기자가 멤버로 나왔는데 미국 기자들의 무책임한 발언(미국식 민주주의를 강요할 수 없다. 그 국민이 결정한 것을 내가 뭐라 하겠느냐)에 크게 실망했다. 다행히 참석한 그레고리 헨더슨 교수와 임창영 박사가 적절한 반박을 한 것 같아서 기뻤다.

2. 헨더슨 교수, 임창영 박사 그리고 김상돈 씨와 임순만 목사와 같이 저녁 식사를 했다. 파크쉐라톤호텔에 투숙했다.

＊인생 성공의 비결은

첫째, 상대의 의견과 일치점을 발견해서

이를 서로 확인하는 예스(Yes)의 답변이며

둘째, 상대가 나의 말에 계속

예스(Yes) 하게 하는 것이다.

4월 18일 수요일, 뉴욕

1. 점심에 UN본부를 찾아가서 여기에서 일하고 있는 사카모토 요시카즈 도쿄대 교수를 만났다. 그가 미국 내에서 갖고 있는 영향력의 도움을 받으려고 했는데 이 점에서는 크게 기대하기 힘들 것 같다. 다만 그와 이야기한 것은 큰 수확이다.

2. 미국 기독교교회협의회 간부들과 저녁 식사를 같이 했다. 에드 루이덴(Ed Luiden), 그레고리 토드(Gregory Todd), 찰스 저머니(Charles Germany) 그리고 임순만 박사 부부가 자리를 함께했다. 그들은 나의 주장에 크게 공감하고 앞으로 적극 협력하기로 약속했다. 대단히 좋은 성과였다고 생각한다.

3. 밤에 호텔에서 최석남, 임병규, 조광남 등 7명과 29일 뉴욕 시위에 내가 참석하는 문제를 갖고 협의했다. 나는 내가 시위에 나가지 않는 것이 좋겠다는 입장을 주장했고 그 대신 강연회를 갖기로 결국 합의했다.

4. 신성국 목사 댁에 전화했다.

4월 19일 목요일, 뉴욕 → 워싱턴 D.C.

1. 오후경에 워싱턴에 돌아와보니 중국 대표부의 선발대가 메이플라워호텔에 들어와 있다. 6층이므로 한 층 아래다. 우연히 얼굴을 부딪치니 같은 동양인이라 놀라는 표정이다. 이제 미국과 중국의 공존 체제가 갖춰져가는 것은 좋은 현상이다. 반면 박정희 정권은 지금 아시아에서 고립되고 이번 아시아극동경제위원회(ECAFE) 도쿄 회의에서는 중국 대표가 김용식 외무장관이 연설할 때 퇴장했다.

2. 미시간대학교(The University of Michigan)의 앤드류(Andrew) 박사와 저녁 식사를 같이 했다. 그는 박정희 씨의 이번 처사를 심대하게 보아야 한다고 『뉴욕타임스』에 투고한 일이 있다. 그는 나의 한국 민족에 대한 신념과 경애의 심정을 듣고 크게 감동을 표시하면서 일찍이 만나지 못한 것을 여러 번 한탄했다. 그는 우리 민족을 매우 부정적으로 보아왔다고 솔직히 뉘우쳤다. 매우 솔직하고 거짓 없는 인물이다. 그의 대학에 유일하게 한국연구소가 있다면서 8월쯤 와서 강의를 해달라고 부탁했다.

4월 20일 금요일, 워싱턴 D.C.

1. 아파트를 찾는데 마땅한 곳이 없어 곤란하다. 결국 체비 체이스(Chevy Chase)에 계약해야 할 것 같다.

2. 서민호 씨가 영국을 향해 출발했다. 도쿄에 도착한 후 다시 연락하기로 했다.

4월 21일 토요일, 워싱턴 D.C.

1. 다시 아파트를 찾기 위해 이근팔 씨와 돌아다녔다.

2. 밤에 김응창 씨 댁에서 식사했다. 유기홍 박사, 정기용 군 등이 동석. 정기용 군이 발행하는 『한민신보』가 나왔는데 한 면이 10단(段) 편집으로 나올 정도로 발전했다. 역시 『자유공화국』과의 경쟁이 효과를 낸 것이다. 나에 관한 기사가 1면 톱부터 네 군데 게재되어서 마치 나 개인의 특집 같다.

4월 22일 일요일, 워싱턴 D.C.

1. 종일 호텔에서 오는 24일과 27일 각기 워싱턴대학교(University of Washington)와 루터신학교(Luther Seminary)에서 할 연설 원고를 작성해 저녁 6시 강영채 박사에게 주어서 번역하도록 했다. 그에게 30여 매를 하룻저녁에 하라고 하니 큰 부담일 것이다. 이번 원고는 미국인에게 하고 싶은 나의 이야기를 종합한 것으로 나에게는 매우 중요한 의미가 있다.

4월 23일 월요일, 워싱턴 D.C.

1. 아침에 『조선일보』의 주미 기자인 김대중 기자가 와서 같이 식사를 했다. 정부에서는 정일권, 백두진, 최규하 씨 등이 비밀리에 세계 각국을 돌면서 UN총회의 투표 점검 중이라 한다. 아마 여의치 않으면 금년도의 한국문제 토의 보류 정책을 크게 전환할 것 같다. 박정희 정권은 정세의 변화에 순응해나가는 데는 큰 장점이 있다.

2. 지난 4월 초에 나온 크로스비 노이스 씨의 「침몰 직전의 박정희 정권」이라는 제목의 기사로 인해서 본국에서 큰 소동이 나서 박정희 정권이 주미대사관을 문책한 모양이다. 만일 한국에 있는 국민들이 나에 관한 이 기사를 볼 수 있다면 상당한 효과가 있을 것인데 애석하다.

3. 김지하 씨의 『오적과 비어』를 유기홍 박사 인쇄소에서 출판하게 되어 그 서문을 써주었다.

4. 뉴욕 시위에서 사용할 결의문의 초안을 작성하여 임병규 씨에게 알려주었다.

5. 오늘도 아파트와 사무실을 얻고자 돌아다니나 마땅한 곳이 없다. 결국 아파트는 체비 체이스 것을 쓰기로 했다.

4월 24일 화요일, 워싱턴 D.C. → 시애틀

1. 11시에 출발하는 유나이티드 항공기로 시카고를 거쳐서 시애틀에 도착했다. 시카고 비행편에는 심기영 씨, 최명상 씨 등이 나와서 나를 맞이했다. 시애틀에서는 전계상 박사, 이선복 씨 등이 나왔다. 두 분 모두 훌륭한 분들이다.

2. 오후 7시 반부터 한국 교포 약 150명에게 한국 정세와 나의 정책을 설명했다. 이구동성으로 이렇게 많이 모인 것도 처음이요, 이렇게 감명을 받은 것도 처음이라고 한다. 워싱턴대학교에 계시는 서두석 박사를 만난 것도 다행이었으며 또한 한국사를 담당하고 있는 제임스 팔레(James B. Palais)* 교수를 만나 그의 성의 넘치는 협조를 받았다.

---

* 제임스 팔레(1934-2006). 역사학자로서 미국 내 한국학의 대부로 평가받는다. 하버드대학교에서 흥선대원군 연구로 박사학위를 취득한 이후 워싱턴대학교 교수(1968-2001)로 지냈다. 김대중과 각별한 관계였던 브루스 커밍스(Bruce Cumings) 교수를 발탁하는 등 미국 내 한국학 발전에 큰 공헌을 했으며 1970-80년대 한국의 민주화를 위한 지원 활동도 했다. 팔레 교수가 박정희 정권의 인권탄압에 반대하여 1970년대 박정희

3. 홍일 모(母)의 편지가 왔다. 홍업이가 술에 취한 중 이가 두 개나 부러졌다고 한다. 중대장과 같이 술 먹는 중 알지 못한 사이에 어떤 사람에게 맞아서 그렇게 되었다고 한다. 여러 가지로 걱정이 된다.

> * 한국말에는 예스(Yes)를 '네'라는 한 글자의 말은
> 있어도 노!(No!)를 한 글자로 하는 말은 없다.
> 별로 빈번히 쓰지 않기 때문이다. 한국 사람은
> 부정할 때도 예스를 쓴다. 예를 들면
> 미국에서는 담배를 안 피우는 사람에게
> "You don't smoke, are you?" 하면
> "No, I don't"라고 대답하는데 우리는
> "네, 안 피웁니다" 하고 예스에서 시작한다.
> 노가 없다는 것은 자기를 내세우기를 주저하는
> 것이요, 이는 부조리에 대한 적극적인 부정과
> 반대가 적다는 것을 의미한다.

정권의 지원금 제안을 거절한 것은 유명한 일화다.

이것은 반성할 점이라고 생각하며
우리 국민에게 독재를 할 수 있는 한 소지가
여기에도 있는 것 같다.
이것은 반성할 점이다.
또한 이와 같은 문화는 우리나라에서
독재정권이 나타나는 배경 중의 하나라고
생각된다.

4월 25일, 수요일 시애틀 → 샌프란시스코

1. 오후 3시 반 워싱턴대학교에서 강연을 했다. 한국사를 가르치는 제임스 팔레 교수와 미스터 폴 심(Paul Shim)이 도와주었다. 참석자의 열성적인 질문이 있었다. 그러나 참석자는 예상보다도 퍽 적었다. 주최 측의 준비가 매우 소홀했다.

2. 전계상 박사와 이선복 씨의 도움으로 공항으로 가서 샌프란시스코에 9시에 도착했다. 비행장에는 조지(George) 박 부부, 하태봉 씨, 문준민 회장 그리고 학생대표인 조명현·김충일 등이 나와서 나를 맞이했다. 여기는 약간 공기가 복잡하다. 어디를 가나 중앙정보부의 방해가 심하지만 여기는 교회끼리의 대립이 심해서 송정률* 목사가 나를 환영하는 것을 시기하는 풍조도 있는 모양이다. 김상돈 선생이 미리 와 계신다. 합류했다.

---

* 송정률(1911-87). 목사이며 샌프란시스코에서 목회활동을 했다. 샌프란시스코를 포함한 미국 서부 지역의 재미 한인 민주화운동에서 큰 역할을 했다.

4월 26일 목요일, 샌프란시스코

1. 낮에 송정률 목사의 상항교회에서 교인 약 25명에게 좌담 형식으로 이야기를 했다. 약간의 말썽도 있었지만 당초 예정대로 강행했다. 결국은 별일도 아니다. 나와 트러블이 있는 것도 아니니까…

2. 저녁에는 버클리(Berkeley)에서 한국 학생 약 40여 명이 모인 강연을 했다. 대단히 좋은 성과였다. 특히 최봉윤 씨가 이 회합을 주선했는데 그는 학생 출신의 실업가로 학생들의 존경을 받고 있다. 샌프란시스코에서는 학생들을 중심으로 조직하는 것이 좋을 것 같다.

4월 27일 금요일, 샌프란시스코 → 시카고(Chicago)

1. 아침 9시에 샌프란시스코를 떠나 시카고를 향해서 출발했다. 시카고 공항에는 심기영, 최명상 씨 등이 나와 있었다. 시카고에는 한국 사람이 약 1만 명이나 거주한다. 1966년에 왔을 때는 단 100명이었는데 굉장한 팽창이다.

2. '행복'이란 한식집에서 식사했다. 대단히 훌륭하다. 저녁 후 루터신학교에 갔는데 당초 예상과 전혀 다르게 청중이 별로 없었다. 아마 주최자가 별다른 노력을 기울이지 않은 것 같다. 할 수 없이 약 15명 정도의 외국인과 20여 명의 한국인을 상대로 이야기하다 돌아왔다.

4월 28일 토요일, 시카고

1. 낮에 서점에 들러 한국 서적을 약 300-400달러어치 샀다. 진단학회의 『한국사』 등 좋은 책을 살 수 있었다. 또한 한국의 기프트숍에 들러서 약간의 물건을 샀다.

2. 김 씨 성을 가진 서독 광부 출신의 청년 한 명과 점심 식사를 같이 했는데 그의 정치적 식견이 매우 정확하다. 참 의외였다. 앞으로 기대할 만하다.

3. 저녁을 심기영 변호사 댁에서 했다. 고병철(高秉哲)* 박사도 왔다. 시카고에서 이 두 분의 협력은 매우 중요하다 한다.

---

* 고병철(1936-). 재미 학자로서 미국 일리노이대학교 시카고 캠퍼스 정치학과 교수(1965-2002)를 역임했다. 이후 경남대 극동문제연구소 소장(2002-2005)으로 있었다.

4. 밤에 한 강연은 대성공이었다. 약 800명이 참가했는데 이제까지 미국에서 한 집회 중에서 가장 최고였다. 청중의 반응도 매우 좋았다. 김상돈, 박홍, 심기영 씨 등이 단상에서 각기 인사를 했다.

4월 29일 일요일, 시카고 → 뉴욕

1. 아침에 시카고를 떠나서 뉴욕에 도착했다. 2시부터 힐튼호텔의 컨벤션홀에서 강연을 했다. 150명 정도 참가했다. 중앙정보부 사람도 와 있었다. 워싱턴에서도 데모 참가를 위해 30명이 왔다 한다.

2. 나는 나가지 않았으나 데모는 예정대로 단행되었다. 다만 고병철(高秉徹)* 씨와 노광욱 씨가 각기 '미군철수'와 'UN한국통일부흥위원단(UNCURK) 해체'를 들고나왔다는 것이다. 박정희 정권 타도 데모에 그들이 다른 목적을 내세워서 참가자들의 맹렬한 반격을 받았다 한다. 고병철(高秉徹) 씨는 몰라도 노광욱 씨가 이런 점잖지 않은 짓을 할 줄은 몰랐다. UN한국통일부흥위원단 해체가 대단한 것이 아니라 주최 측 몰래 이런 짓을 하는 것은 인격의 문제다.

---

* 고병철(高秉徹)과 고병철(高秉哲)은 동명이인이다.

4월 30일 월요일, 뉴욕 → 보스턴

1. 뉴욕에서 보스턴에 도착하여 에드윈 라이샤워 하버드대학교 교수를 만났다. 서로 일본어로 단독회담을 했다. 그는 참으로 한국에 대한 최대의 이해자다. 그는 한국의 역사적 배경, 높은 교육 수준, 국민의 민주주의에 대한 열망 등으로 해서 한국은 결코 태국이나 필리핀같이 보아서는 안 됨에도 불구하고 미국민의 인식이 부족해서 큰일이라고 걱정한다. 그는 미국이 현재의 대한(對韓) 정책을 그대로 밀고 나간다면 앞으로 머지않아 한국에서 수습하기 힘든 파국이 발생할 것이고 이렇게 되면 미국이 원하는 안정은 일장춘몽이 되고 말 것이라고 개탄한다. 그는 나를 위해 다시 마이클 맨스필드(Michael Mansfield) 상원의원, 휴 스콧 상원의원, 찰스 퍼시 상원의원, 스튜어트 사이밍턴 상원의원, 제임스 윌리엄 풀브라이트 상원의원 등에게 소개장을 써주었다.

2. 오후 4시에 하버드 로스쿨에서 제롬 코헨 교수를 만났다. 그는 오는 금요일에 중국에 가며 북한에서도 다시 초대되었다 한다. 나로부터 여러 가지 의견을 묻고 큰 공부가 되었다고 감사의 뜻을 표했고 자기 저서에도 그 뜻을 기록해 주었다. 그는 지난 1월 한국에 갔을 때의 실망스러운 사실들을 지적하고 특히 김영삼 씨의 다른 사람 같은 변화에 크게 실망했다고 말했다. 그는 나의 질문에 앞으로 미국이 바른 대한(對韓) 정책을 쓰도록 자기도 활동을 시작하겠다고 말했다.

3. 저녁에 그레고리 헨더슨 교수, 김광호 박사와 같이 만나 이야기를 했다. 헨더슨 교수로부터 참고할 만한 많은 이야기를 들었다. 그는 참으로 적극적인 한국의 벗이다.

1973년 5월

"용기가 있는 것같이 행동하라!
용기가 날 것이다.
유쾌한 것같이 행동하라!
유쾌해질 것이다.
도량이 큰 것같이 행동하라!
도량이 커질 것이다."

5월 1일 화요일, 보스턴 → 워싱턴 D.C.

1. 아침에 『크리스천 사이언스 모니터』지의 캐셀베리 기자가 와서 식사를 하면서 취재해갔다. 캐셀베리 기자는 작년 11월에도 취재 보도했으며 '강정애'라는 이름으로 한국에 평화봉사단으로 나가 서울여자대학에서 영어를 가르쳤다.

2. 낮에 이봉호 박사, 미스터 고(고광림 박사 아우), 김진현 씨(동아일보사 근무, 니먼 펠로십Nieman Fellowship으로 하버드대학교에 와 있다) 등과 식사를 같이 하면서 고국의 사정을 서로 이야기했다.

3. 오후 비행기로 워싱턴 D.C.에 도착하여 파크쉐라톤호텔에 투숙했다. 내일부터 리토헨(Ritohen)에 있는 아파트 룸을 쓰기로 되어 있다.

5월 2일 수요일, 워싱턴 D.C.

1. 쉐라톤호텔의 아파트 룸 K708로 이사했다. 6월 1일부터는 밴네스(Van Ness) 아파트의 방을 항구적으로 빌려서 옮길 예정이다. 오늘 투숙한 K동에는 5층에 스피로 애그뉴(Spiro Agnew) 부통령이 머물고 있다고 한다. 그 덕분에 보안은 좋을 것이다.

2. 시카고 강연은 그후 큰 영향을 미치고 있어 아주 대단한 성공인 것 같다. 시애틀도 그렇다. 다만 뉴욕의 시위는 일부 인사들의 돌발적인 행동으로 인해서 '박정희 정권 타도'라는 원래 목적에 집중하지 못하게 된 것은 유감이다.

5월 3일 목요일, 워싱턴 D.C.

1. 점심을 레스토랑 '폴영'(Paul Young)에서 『뉴욕타임스』의 백악관 출입기자인 미스터 존 허버스(John Herbers)와 같이 했다. 그는 나의 주장인 남북관계의 전개 방안과 우리의 자력으로 민주주의 쟁취에 미국의 원조가 악용되지 않도록 요구하는 주장에 큰 관심과 동조를 표시했다. 요즈음 유명한 워터게이트 사건에 대해서도 이야기했다.

   * "용기란 무서워서 죽을 것 같은 공포 속에서도
      필요한 조치를 취할 수 있는 능력이다."
      − 오마 브래들리(Omar Bradley)

   * 용기가 있는 것같이 행동하라!
      용기가 날 것이다.
      유쾌한 것같이 행동하라!
      유쾌해질 것이다.

도량이 큰 것같이 행동하라!
도량이 커질 것이다.

5월 4일 금요일, 워싱턴 D.C.

1. 4301 코네티컷거리(Connecticut Avenue) N.N.에 있는 밴네스 빌딩의 스위트 435에 사무실을 구했다. 여기에다 동아시아연구센터(Center for East Asia Studies)*를 차려서 우리의 민주주의 회복과 국토통일은 물론 4대 강국 사이에서 활로를 찾아야 하는 한국의 위치 설정을 연구하기로 했다. 이 연구소는 내가 귀국하면 정부의 지원으로 더욱 발전시켜 나가겠다.

2. 홍일 모(母)로부터 편지가 왔다. 예측대로 윤필용 소장 사건을 중심으로 박정희 정권 내부는 일대 암투가 벌어지고 있는 것이 사실이다. 박정희 씨는 지금 정신적으로 피해망상증에 걸려서 어제의 최고 심복도 조금만 의심되면 무자

---

* 1973년 봄에 망명 중인 김대중이 한국의 민주화와 평화통일에 대한 국제적인 담론 형성을 위해서 설립한 연구소다. 김대중은 일본에서도 이 연구소를 개설했다. 설립한 지 얼마 되지 않은 1973년 6월 말-7월 초에 연구소의 명칭을 한국민주제도통일문제연구소(Korean Institute for Democracy and Unification)로 변경했다.

비하게 처벌하고 있다. 그들은 또한 나의 일본과 미국에서의 활동 때문에 큰 고통을 느끼고 있다 한다. 나의 신변에도 위협이 커질 것이며 그런 정보도 빈번하다. 그러나 할 일을 안 할 수는 없다.

5월 5일 토요일, 워싱턴 D.C.

1. 오늘 오전 10시 로렌(Loren)이 와서 같이 식사했다. 그는 자동차의 파손으로 매우 고생하고 있는 모양이다.

5월 6일 일요일, 워싱턴 D.C.

1. 일본의 김종충 씨 전화에 의하면 박정희 정권은 윤필용 소장 사건으로 국민 사이에 "이 정권이 오래가지 못한다"는 숨은 여론과 동시에 나에 대한 기대의 이야기가 퍼지자 나를 해치려는 갖은 흉계를 하고 있으니 극히 조심하라고 한다. 별도로 일본에서 어떤 교포가 보낸 익명의 편지는 "그들이 미국의 불량배를 매수하여 암살하려 하니 조심해달라"는 부탁이다.

박정희 정권에서는 능히 있을 수 있는 일이다. 그러나 이 때문에 나의 일을 포기할 수는 없다. 천주님은 나를 버리지 않으며 우리 국민을 위해 나를 기필코 보호해주신다. 동시에 아내의 간곡한 기도가 나를 보호할 것이다.

5월 7일 월요일, 워싱턴 D.C.

1. 정기용 군을 만나서 『한민신보』를 위한 기사 자료를 제공했다.

2. 유기홍 박사를 만나서 그의 인쇄소에서 동아시아연구센터의 봉투와 용지를 인쇄하도록 부탁했다.

　＊주여,
　　저의 조국과 동포를 보살펴주시고
　　저의 가족을 돌보아주시옵소서.
　　제가 우리 동포를 위해 더 많은 일을
　　할 수 있도록 용기와 지혜를 주시옵소서.

5월 8일 화요일, 워싱턴 D.C.

1. 밴네스 센터에 얻은 사무실에 사무용 도구를 반입했다. 그러나 주문한 것은 완성까지 4주 이상 걸리므로 우선 임시로 사용할 물건을 보내온 것이다. 미국은 능률의 나라라 하지만 사실은 전혀 동떨어진 일이 많다. 일주일에 2일 놀고, 무엇이든지 예약해야 하고, 점심시간 이외에는 사람 만나기도 힘들다.

2. 여사무원을 구하나 썩 마땅한 사람이 잘 나서지 않아서 일에 지장이 많다.

5월 9일 수요일, 워싱턴 D.C.

1. 요즘 일본 신문들은 북한의 세계보건기구(WHO) 가입 문제를 크게 다루고 있다. 요즈음의 국제 정세로 보면 북한의 가입 가능성은 큰 것으로 보인다. 도대체 왜 박정희 정권은 북한의 국제사회 진출을 자진 협조하지 않는지 그 이유를 모르겠다. 남북대화와 공존의 길을 가면서 왜 그들의 국제적 공존을 반대하는가. 북한의 국제적 진출은 그들의 시야를 넓히고 태도를 변화시키는 데에 도움이 되는 것이다. 중공(中共)의 최근 1년간의 변화를 보면 알 수 있는 일이다. 세계를 돌아다니며 국력을 소모하면서 수치스럽게 동족의 험담을 하고 다니는 것이 7·4 공동성명의 정신이 될 것인가. 금년에 막아보았자 내년에는 질 것이 뻔한데 한심한 사람들이다.

5월 10일 목요일, 워싱턴 D.C.

1. 뉴욕에서 장석문 예비역 대령이 왔다. 윤필용 소장 사건, 군 내의 권력투쟁에 대해서 이야기를 들었다. 아무튼 지금 60만 국군은 완전히 정신적 지리멸렬과 현실적 불만으로 사기와 전력이 크게 감소된 실정이다. 5·16 당시 북한에 우월했던 군사력이 지금은 모든 분야에서 열세화되었다. 군인의 집권은 군 자체를 위해서도 불행하다. 그는 그의 전문지식에 편향되고, 출신 군에 편향되고, 과거의 인연에 편향되고, 그가 아는 군의 능력을 남용하는 유혹에 편향된다. 문민통제 그리고 상식이 풍부한 지도자가 끌고 나가야 한다. 비스마르크도 처칠도 결코 직업군인은 아니었다.

2. 정기용 군과 김영훈 목사가 와서 나의 명예학위 건에 대해서 상의하고 갔다. 아직 미정이다.

5월 11일 금요일, 워싱턴 D.C.

1. 스튜어트 사이밍턴 상원의원 사무실에서 내주 월요일 2시 반에 만나겠다고 연락이 왔다. 그는 상원 외교위원회 군사소위원장이기 때문에 매우 중요한 사람이다.

2. 저녁에 박원혁 씨 댁에서 식사했다. 돌아오는 길에 최동현·문명자 부부와 이야기를 했다. 최동현 씨로부터 참고할 만한 이야기를 많이 들었다.

   ∗ 바른 일은 반드시 하늘과 국민이 지지한다.
   승리를 믿고 확고한 의지와 정확한 계획 아래
   전진해야 한다. 결과는 결코
   실패하지 않을 것이다.
   설사 일의 도중에 쓰러지는 한이
   있더라도 그것은 결코 실패가 아니다.
   자기 인생은 성공한 것이다.

『김대중 망명일기』의 역사적 가치와 그 의미

장신기
연세대학교 김대중도서관 사료연구담당

　『김대중 망명일기』는 박정희 대통령의 친위 쿠데타인 1972년 10월 17일 비상계엄 전후 김대중이 국내외에서 경험한 역사적인 사실들을 꼼꼼하게 기록한 여섯 권의 일기를 책으로 펴낸 것이다. 일기는 회고록과 달리 당시 시점에서 작성되므로 기록된 내용에 사실관계의 오류 가능성이 매우 적고, 중요한 내용이 누락될 가능성도 매우 적다. 그렇기 때문에 일기처럼 역사적 사건이 발생한 시점에 생산된 기록의 가치는 크다.

　그런데 독재정권의 탄압이 갈수록 심화되다 보니 민주화 인사들은 기록을 남기는 것이 어려웠고 설령 당시 생산된 것이 있었다고 해도 이것이 온전히 보존되어 후대에 이어지는 경우는 적었다. 이러한 현실을 감안하면 유신 선포 전후 격동의 현대사의 전개 과정을 민주화 세력의 리더인 김대중이 그 당시 직접 기록한 이 망명일기의 역사적·학문적 가치는 매우 크다.

　김대중은 계획적으로 망명을 떠난 것이 아니라 신병 치료 차 단기 체류 일정으로 일본으로 출국했다가 비상계엄 선포 소식을 듣고 망명 투쟁을 결심한 것이다. 망명 투쟁은 죽음을 각오할 정도로 어려운 일이기도 했는데 무엇보다 아무런 준비도 없이 시작한 일이다 보니 당장 해외에서의 생활과 국내에 있는 가족 걱정까지 김대중이 신경 쓰고 고민해야 하는 일이 많았다. 국내에 있을 때와는 다른 차원의 고통이자 해결해야 하는 과제였다.

　이 일기 곳곳에는 이러한 문제에 고뇌하는 김대중의 인간적인 면모를 알 수 있는 내용이 많이 나온다. 또한 김대중은 이렇게 엄혹한 상황에서도 이 망명일기에 누구를 만나 무엇을 했는지는 물론 날씨까지 적었을 정도로 당시 상황을 상세하게 기록했다. 그렇기 때문에 이 망명일기는 사료로서의 가치가 매우 높다. 그러면 이 망명일기를 통해서 새롭게 알 수 있는 역사적 사실들과 그 의미에 대해서 살펴보도록 하자.

망명 투쟁을 결심하기까지

　이 일기에는 김대중이 망명 투쟁을 결심하게 된 배경과 과정이 상세하게 기록되어 있다. 김대중이 1971년 대선에서 "이번에 정권교체를 하지 못하면 앞으로 선거도 없는 영구집권의 총통제가 실시될 것이다"라고 경고한 것은 매우 유명하다. 당시 친위 쿠데타의 시점을 특정하지 않았던 김대중은 1972년 9월 26일 일기에서 "유진산 씨가 이렇게 불법 대회를 강행한 것을 보니 공화당이 연말 또는 연초에 무언가 일을 저지를 것 같다"라고 썼는데 그만큼 당시 상황을 위기로 인식했음을 알 수 있다.

이에 대해 김대중은 목숨을 건 강력한 투쟁 의지를 갖고 있었다. 비상계엄 선포 전인 1972년 8월 11일 일기에서 "자기도 모르는 시기에 꼭 한 번 죽는다면 조국과 국민을 위해 죽는 것 이상 값있는 죽음이 어디 있겠는가"라고 썼고 망명 직후인 10월 19일에는 "떳떳하게 소신껏 나의 경애하는 국민들을 위해 살다 죽을 뿐이다"라고 썼으며 그 이후에도 죽음을 각오한 투쟁 의지를 여러 번 밝혔다. 극단적인 독재체제에 맞서기 위해서는 죽음을 각오한 강력한 투쟁 의지가 필요하다고 판단한 것이다.

김대중은 비상계엄 선포 직후 망명 투쟁을 결심할 수 있었지만 고민도 있었다. 우선 한국에 있는 가족들이 인질로 잡힐 수 있었기 때문이다. 김대중은 자신에 대한 박해와 탄압은 감내할 수 있다고 판단했다. 하지만 부인과 자식들이 겪게 될 고통스러운 현실을 우려했다.

　김대중은 사전에 비상계엄 선포일을 알지 못한 채 다리 부상 치료차 일본에 단기 체류 일정으로 출국하여 자금 확보 등 사전 준비가 전혀 없었기 때문에 장기간 망명 투쟁을 하기 위해서 해결해야 할 과제들이 있었다. 또한 정치인으로서 국내 정치에서 멀어지는 선택을 하는 것에 대해 혼란을 느꼈다. 김대중은 귀국해 국내에서 투쟁하는 것과 해외 망명 투쟁을 지속하는 것 사이에서 고민하다 1973년 1월 결국 망명 투쟁을 지속하기로 결정했다.

　이 망명일기를 보면 김대중이 그와 같은 결정을 한 원인은 세 가지다. 첫째, 김대중은 정당정치, 의회정치를 통해서 민주화를 이룩하겠다는 정치가로서의 소명의식이 있었는데, 유신 이후 형식적인 수준에서라도 정상적 정치의 복원이 불가능해졌기 때문이다. 둘째, 해외에 있는 여러 지인이 김대중이 귀국하게 되면 희생당할 것이 명백하다고 주장하면서 만류했기 때문이다. 셋째, 이희호 여사가 김대중에게 귀국하지 말고 망명 투쟁을 지속하라고 권고했기 때문이다. 이와 같은 배경에서 김대중은 1973년 1월 10일 망명 투쟁을 끝까지 이어가기로 결정하게 된다.

김대중은 1973년 1월 14일 일기에서 "나를 위해 매일 기도하는 가족과 벗을 생각하며 나에게 최후의 희망을 걸고 있는 국민들을 잊지 말자!"라고 썼는데 이를 통해서 장기적인 망명투쟁을 결심한 당시 김대중의 심정과 각오를 알 수 있다.

망명 투쟁의 목표: 한국 민주화를 위한 국제연대

김대중은 한국 문제의 국제적인 성격에 대한 이해가 밝은 정치가로서 반독재 민주화투쟁 과정 속에서도 이 점을 크게 고려했다. 냉전시대 동아시아 지역 전략 차원에서 대한(對韓) 정책의 방향을 정하는 미국과 미국의 정책을 추종하는 일본의 태도를 감안해서 "한국의 민주화가 반공과 안정을 원하는 미국과 일본의 이익에 부합한다"는 논리로 양국의 주요 인사들을 설득해 박정희 정권을 지지하는 양국의 대한 정책 전환을 유도하려고 했다.

망명일기를 통해서 보면, 당시 미국과 일본의 주된 분위기는 '독재는 어쩔 수 없다와 무관심' 두 가지로 요약된다. 먼저 일본의 경우 1972년 10월 30일 일기를 보면 김대중의 주장에 공감을 표시한 의원들이 비상계엄 이후 국회가 해산된 한국의 정치 상황조차 모를 정도로 한국에 대한 관심이 없는 현실에 김대중이 적잖은 충격을 받았음을 알 수 있다. 일본의 진보적인 지식인 사회에서도 당시 베트남전 반대 운동에 집중하면서 한국 현실에 무관심하기는 마찬가지였다.

1972년 11월 27일 일기와 1973년 4월 10일 일기에서 확인되듯이 미국의 전반적인 분위기는 "박정희 정권이 독재를 하지만 경제성장이 이뤄진 것은 사실이고 한국에서 독재에 대한 큰 반발이 없는 상황에서 서구식 민주주의를 하라고 강요하는 것은 어렵다"는 것이다.

미국과 일본에서 이와 같은 반응이 나오게 된 것은 한국의 독재정권에 대한 비판과 대안적인 목소리가 제대로 알려지지 못했기 때문이다. 한국에 대한 관심 자체가 낮았고 국내 언론의 자유는 크게 제약받고 있었으며 비판 세력이 국제적인 네트워크를 구축하지 못했기 때문에 이와 같은 견해가 해외에 제대로 알려지기 힘들었다. 김대중은 이러한 문제를 타개하기 위해 일본에 있을 때부터 도쿄에 주재하고 있는 미국을 중심으로 한 언론인들과 활발하게 접촉했으며 일본과 미국의 주요 인사들을 만나서 한국의 민주화가 미국과 일본의 국가이익에 도움이 된다는 논리로 설득했다.

김대중이 일본에서 만난 인사들은 우쓰노미야 도쿠마 의원 등을 중심으로 자민당 내 진보적 의원 그룹인 AA연 소속 정치인부터 후쿠다 다케오 및 미키 다케오 등 자민당의 대표적인 주류 정치인 등이 포함되어 있었다. 언론계 인사의 경우 『아사히신문』, 『마이니치신문』, 『주오코론』, 『세카이』뿐만 아니라 보수 성향의 『요미우리신문』 관계자들도 접촉했을 정도로 전방위적이었다. 일본 인사들과의 접촉은 일본 정계와 폭넓은 관계를 유지했던 최서면과 주한 특파원으로 한국에 있을 때 김대중을 알게 된 일본인 기자들이 도움을 주었다.

미국에서는 정계 인사로서 에드워드 케네디, 제이콥 재비츠 등 상원의원 두 명과 존 머피 하원의원을 만났다. 학계와 언론계 인사 등도 두루 만났는데 대표적인 인물은 에드윈 라이샤워 하버드대학교 교수다. 1972년 12월 4일 일기에서 김대중은 미국인으로서 자신에게 가장 많은 도움을 준 인물이 라이샤워 교수라고 썼다. 주일 미국대사를 역임한 라이샤워 교수와는 일본어로 직접 소통이 가능했으며 그는 미국뿐만 아니라 일본에까지 영향을 줄 정도로 김대중의 활동을 적극 지원했다.

김대중은 미국 국무부의 마셜 그린 차관보, 도널드 레나드 한국과장 등도 만났다. 마셜 그린 차관보는 장면 정부 시절 주한대사관에 근무한 적이 있어서 김대중과는 구면(舊面)이었으며 레나드 한국과장은 김대중의 활동을 존중하여 납치사건 당시 김대중의 구명에도 큰 역할을 했다.

미국과 일본에서의 김대중의 활동은 큰 성과를 거두었다. 일본에서는 주요 여러 언론사에서 김대중의 인터뷰와 기고문을 보도했으며 미국에서는 『뉴욕타임스』가 김대중의 기고문을 게재하는 등 여러 언론사가 관심을 보였다. 특히 주목할 점은 1973년 2월 18일 일기를 보면 미국의 상원외교위 보고서에 한국 상황을 우려하는 내용이 실렸는데 이는 김대중의 활동이 영향을 주었다고 볼 수 있다. 1973년 1월 30일 일기를 보면 일본 정부도 오히라 외상의 지시로 외무성 간부들이 김대중을 만날 정도로 정부 차원의 관심을 보였다. 일본 정부가 이렇게 한 배경에는 라이샤워 교수의 영향이 작용했을 것으로 추정된다.

  김대중의 활동은 한·미·일 연대로까지 발전했다. 1973년 3월 7일 일기에는 "우쓰노미야 도쿠마 의원과 만나서 미국과 일본의 전문가들과 함께 아시아 관계를 주제로 한 회의에 대해서 타협했다"는 내용이 나온다. 한국 민주화를 위한 한·미·일 3국 연대가 가시화된 것이다. 1973년 5월 4일 일기를 보면 김대중은 동아시아연구센터(Center for East Asia Studies) 설립 구상을 밝히고 있는데 이 센터는 위와 같은 활동 계획과 관련된 것이다.

  이 센터는 그동안 한국의 독재정권이 일방적으로 독점하

던 국제담론 구조에 균열을 내는 것과 동시에 독재에 비판적인 저항담론 생산을 목표로 했다. 이와 같은 김대중의 활동은 한국의 독재와 민주주의 문제를 국제적인 사안으로 만드는 것으로서 민주화운동의 질적 전환을 의미하는 획기적인 일이었다. 그만큼 박정희 정권은 김대중의 망명 활동에 큰 위기의식을 갖게 되었다.

망명 투쟁의 목표: 국민의 자발적인 힘으로 민주주의 쟁취

망명일기를 통해서 우리는 엄혹한 현실 속에서 민주화를 이뤄내기 위한 김대중의 고뇌와 전략을 확인할 수 있다. 1972년 12월 16일 일기를 보자.

"한국 사람은 서로 10 중에 7까지 같은 점은 중시하지 않고 3의 차이점만을 강조하는 경향이 있다. 나는 여기서 동포들에게 그런 자세가 민족 분열의 원인이란 점을 역설하고 주시하도록 힘쓰고 있다. 우리는 민주주의와 평화적 통일에 일치하면 무엇이든지 함께할 수 있는 것이다."

우선 김대중은 군사독재 정권의 기반이 매우 강력하기 때문에 이에 맞서기 위해서는 "민주주의와 평화통일이라는 대의를 확고히 하면서 최대연합을 도모해야 한다"는 점을 강조했다. 이는 대의에 동의하면 그 안에서의 차이는 부차적인 요소로 판단한다는 것을 의미함과 동시에 단순히 세력 확장만을 위해서 대의를 포기해서는 안 된다는 점을 강조하는 것이기도 하다. 이는 "서생적 문제의식과 상인적 현실감각의 조화"를 강조한 김대중의 정치철학이 반영된 것으로 해석할 수 있다.

이와 같은 배경에서 김대중은 야당이 민주 세력의 한 축으로서 중요한 역할을 해야 한다고 판단해 야당의 혁신을 강조했지만 그렇지 못한 현실을 고민했다. 김대중은 1972년 8월 30일 일기에서 "지금의 신민당은 아무리 선의로 보아도 이를 희망 있는 정당이라고 보기 어렵다"라고 했다. 이는 비상계엄 선포 이전부터 김대중이 야당의 상황에 대해서 상당히 비판적이었음을 알 수 있다. 그리고 비상계엄 이후 신민당을 어용 야당으로 만들려는 박정희 정권의 공작정치를 거론하고 특히 40대 기수로서 신민당 대선 후보 경선에 함께 출마했던 이철승과 김영삼에 대한 일화를 소개한 부분은 의미가 크다. 일기를 보면 이철승의 경우 이미 유신 초기부터 박정희 정권과의 유착 가능성이 제기되었다는 사실을 알 수 있는데 훗날 중도통합으로 유신 정권에 사실상 협력한 이철승의 정치 행보의 기원을 이해할 수 있는 단서가 된다.

1972년 11월 7일과 1973년 4월 30일 일기를 보면 유신 초기 김영삼이 반독재 저항운동에 소극적인 모습을 보이는 것으로 해석될 수 있는 내용이 나온다. 하지만 당시 김대중이 김영삼을 유진산이나 이철승처럼 평가하지 않았다는 점은 분명하다. 이는 1974년 4월 28일 유진산 신민당 총재가 타계한 이후 실시된 1974년 8월 23일 당총재 선거에서 김영삼이 당선되자 김대중은 "다행이다"라는 견해를 밝혔고, 1979년 5월 30일 신민당 총재 경선에서 김영삼의 당선을 위해 전폭적인 지원을 한 것을 통해서 보면 알 수 있다. 다만, 이 일기에서 처음 밝혀진 유신 초기 김영삼과 관련된 내용은 훗날 두 사람의 관계를 이해하는 데 매우 중요한 의미가 있다. 그외에도 1973년 2월 16일 일기를 보면 김대중이 선배 양일동이 이끈 통일당에 대한 비판적인 입장을 밝히고 있음이 확인되는데, 통일당과 김대중이 가까운 관계라는 일반적인 통념과는 다른 내용이라는 점에서 주목할 만하다.

이러한 상황에서 김대중은 자신이 민주 세력을 대표해서 새로운 리더십을 발휘해야 한다고 인식했음이 이 일기에서 확인된다. 김대중은 민주적인 정통성을 갖춘 유능한 리더십이 형성되어야만 민주 세력의 최대연합을 이뤄내서 독재정권의 강권통치에 맞설 수 있다고 판단했고 그 역할을 자신이 해야 한다고 인식했다. 그래서 국내에 있던 재야 민주 세력의 주요 인사인 함석헌과 김지하에게 인편으로 연락해 세력 확장을 위한 노력을 기울이기도 한 것이다.

김대중의 최대연합 구상에는 해외 한인도 포함된다. 극단적인 독재체제인 유신 정권이 등장했기 때문에 한국 민주화를 위한 국제연대의 필요성이 절실했고 해외 한인들의 활동이 국내 민주 세력을 자극하는 선순환의 역할도 기대했기 때문이다. 일기를 보면 해외 한인 조직 구성에 대한 내용은 1972년 12월 30일 재미 교포를 상대로 하여 처음 나온다.

미국에서 주로 접촉한 인사들은 유기홍 박사 등 미국으로 유학 온 연구자, 임창영 교수 등 장면 정부 관계 인사, 김웅수 장군 등 박정희 정권에 비판적인 예비역 장성 및 영관급 인사 등 군 계통 인사, 문명자 기자 등 언론계 인사와 안병국 목사 등 종교계 인사 등이다. 유학 온 학자들이 가장 많았는데 특히 전역한 군 계통 인사들을 많이 접촉한 것이 인상적이다. 이는 민주화 세력을 용공음해하는 박정희 정권의 공세에 맞서고 수권 능력을 보여주기 위한 전략적인 고려의 결과라고 볼 수 있다. 이와 관련해서 김대중은 재미 한인 중에서 '미군 철수' 등을 주장한 일부 급진 세력을 비판했다는 사실이 이 일기에서 확인된다.

재일 한인들과의 논의는 1973년 1월부터 이뤄졌다. 망명 직후에는 주로 일본의 정치인과 언론인을 상대로 비상계엄의 문제점을 호소하는 데 초점을 둔 것과 관련된 것으로 보인다. 재일 한인사회는 재미 한인사회와 크게 달랐고 김대중은 이 점을 유의했다. 미국에서는 기존의 한인 조직이 없었기 때문에 김대중이 새롭게 조직을 구성하는 것이 주된 과제였다면 일본에서는 민단 자주파의 조직력이 탄탄했기 때문에 김대중의 관심은 조직화보다는 노선 문제였다.

특히 김대중은 7·4 남북공동성명 이후 민단 자주파 내의 급진 민족주의 노선에 대해서 크게 우려하고 있었다. 1972년 8월 3일 일기에 "일본에 와서 가장 마음이 아픈 것은 과거 민단에서 야당 역할을 하던 소위 '자주민단' 세력이 조총련과 같이 7·4 남북공동성명 환영 행사를 하고 있는 사실이다"라고 했고 1973년 3월 1일 일기에도 3·1절을 맞이해서 민단 자주파가 조총련과 공동 행사를 한 것을 강하게 비판했다. 1973년 1월 11일 일기에는 민단 자주파의 리더였던 배동호를 만난 이후에도 이들의 급진 민족주의 성향을 우려하는 내용이 나온다.

당시 재일 한인들 대부분은 일제강점기 때 일본으로 건너간 1세와 그들의 자녀인 2세들로서 민족차별에 의한 피해의식에 더해서 강렬한 민족주의 정서를 갖고 있었다. 그들은 7·4 남북공동성명 이후 통일에 대한 기대감이 커서 정세에 대해 냉철하게 판단하지 못하고 있다고 김대중은 파악했다. 김대중은 망명 중이었지만 현실 정치인으로서의 자세와 입장을 유지하여 독재정권에 악용될 수 있는 빌미를 만들지 않아야 한다고 판단했다. 나중에 민단 자주파와 함께 한국민주회복통일촉진국민회의(약칭 한민통) 일본본부 결성을 위한 협의를 할 때에도 '조총련과의 공동 행사 금지' 원칙을 관철시켰다. 이러한 과정을 거쳐서 김대중은 1973년 7월과 8월에 미국과 일본에서 한민통 결성을 위한 준비를 마쳐서 5월에 설립한 동아시아연구센터와 함께 장기적인 반유신 투쟁을 위한 조직 구성을 하게 된다.

그리고 이 일기를 보면 김대중은 반독재 민주화 투쟁에 소극적이고 행동에 나서지 않는 국민들에 대한 비판적인 입장을 여러 번 밝혔다. 그중 1972년 11월 27일 일기를 보자.

"우리 국민은 왜 그토록 용기가 없을까. 본국에서도 그렇고 일본이나 미국까지 와서도 두려워들 한다. 아무리 계엄령하라지만 야당이나 국민이 이토록 용기가 없어서야. 용기 없는 백성은 노예가 될 뿐이다. 더욱이 알면서 행동할 용기가 없으면 가장 고통스러운 노예가 될 뿐이다."

김대중은 민주헌정질서가 파괴되어 선거를 통해서 정권교체를 할 수 없는 여건에서는 독재정권에 대한 최대한의 압박이 필요하다고 보았다. 이를 위해서 민주 세력의 지도적 인사들이 자기희생적 결단을 통해 국민들의 투쟁의지를 북돋아서 행동에 나설 수 있도록 해야 한다고 판단했다. 민주화운동 시기 김대중의 유명한 어록인 "행동하지 않는 양심은 악의 편이다"는 이와 같은 인식에서 나온 것이다. 이 말은 1975년에 처음 사용되었는데 그에 대한 문제의식은 이미 1차 망명 시기 때부터 형성된 것임을 확인할 수 있다.

박정희 정권의 압박과 김대중의 대응

김대중은 박정희 정권이 자신의 망명 투쟁을 막기 위해서 자신에 대한 테러와 용공음해를 할 것이라고 판단했다. 먼저 김대중은 망명 직후부터 박정희 정권의 테러 가능성을 우려했으며(10월 19일 일기) 주변 지인들도 같은 걱정을 해서 망명 시기 김대중을 후원한 요코다 사장은 김대중에게 경호원을 붙여줄 정도였다(10월 27일 일기). 이는 기우가 아니어서 실제 박정희 정권은 김대중의 활동을 방해했으며 시간이 지날수록 그 정도가 심해졌다.

이 일기를 통해서 중앙정보부(약칭 중정)의 개입이 처음 확인된 시점은 1972년 12월 11일이라는 사실이 밝혀졌다. 이는 박정희 정권이 김대중의 망명 활동을 초기부터 신경 쓰고 있었다는 사실을 알려준다는 점에서 큰 의미가 있다. 김대중은 자신이 확인한 중정 개입 관련 내용을 일기에 상세하게 적었다. 1973년 1월 10일 일기에서는 서울을 방문한 재미 언론인 문명자가 미국에서 김대중을 만났다는 이유로 중정에서 3번 조사받았다는 내용이 나온다. 1월 23일 일기에는 "김옥두 비서를 협박하여 내가 일본에서 귀국하도록 유인하라고 한다는 것이다"라는 내용도 나온다. 2월 16일 일기에는 중정의 개입을 피해 숙소를 이동하는 내용이 나오고, 4월 14일 일기에는 중정이 동원모 박사에게 직접 연락해서 소동이 있었다는 내용이 나온다. 4월 23일 일기에는 박정희 정권을 비판하는 미국 언론보도에 대해서 박 정권이 주미대사관을 문책했다는 내용이 나오며, 4월 29일 일기에는 뉴욕 시위에 중정 요원들이 왔었다는 내용이 나온다. 5월 6일에는 신원 미상의 일본의 어떤 교포가 보낸 익명의 편지에서 "그들이 미국의 불량배를 매수하여 암살하려 하니 조심해달라"는 내용을 기록으로 남겼다.

여기서 보듯 김대중의 망명 투쟁이 성과를 내자 박정희 정권의 대응은 갈수록 심화되는 것을 알 수 있다. 김대중과 주변 지인들도 김대중의 안전을 위해 노력했다.

김대중은 일본과 달리 미국에서는 경호원을 대동하지 않았다. 미국은 대통령에 대한 총기 암살사건이 발생할 정도로 총기 사고가 빈번한 나라이므로 신변안전에 대한 우려가 더 클 수 있다는 점을 감안하면 상당히 의외다. 김대중이 이렇게 한 이유는 미국 국무부를 신뢰했기 때문이다. 미국 국무부가 김대중의 안전을 공식적으로 촉구한 상황에서 김대중은 박정희 정권이 미국 정부의 요구를 무시하지 못할 것이라고 판단했던 것으로 보인다. 그런데 일본에서는 경호원을 대동했고 특히 7월에 다시 일본으로 온 이후에는 숙소를 계속 바꿀 정도로 신경을 썼다.

이는 박정희 정권 시절 한·미관계, 한·일관계의 특수성을 감안한 대응이라고 볼 수 있을 것 같다. 결국 박정희 정권은 김대중이 다시 미국으로 건너가기 전인 8월 8일에 납치사건을 일으켰으며 김대중은 미국의 구명 활동으로 죽음의 문턱에서 극적으로 살아날 수 있었다. 그러나 이 사건은 한·일 양국 정부의 정치 결착으로 김대중의 인권은 무시되고 진상은 은폐되었다. 미국과 일본의 차이를 여기에서도 확인할 수 있다.

김대중은 자신에 대한 테러 가능성에 대해서 신경 쓰는 것과 동시에 용공음해 가능성에도 대비했다. 앞에서 설명한 대로 해외 한인사회 내의 급진 민족주의 노선에 대해서 명확하게 선을 긋고 대처한 것은 이와 관련되어 있다. 그외에도 일본에서 활동하는 언론인들이 김대중에게 당시 한국과 적대

관계에 있던 중국과 북베트남 방문을 제안하기도 하고(10월 21일 일기), 해외에 있는 북한 대사관과의 접촉 의사를 타진하기도(2월 9일 일기) 했는데 김대중은 이러한 제안을 모두 거절했다. 또한 11월 29일 일기를 보면 김대중은 『워싱턴포스트』지의 논설위원 존 앤더슨을 만나서 주한미군이 동북아 지역에서 미국의 군사적·외교적 이익을 담보하는 전략적 가치가 크다는 점을 설득해 미국 내의 주한미군 철수 주장을 반박했음을 알 수 있다. 군사독재 정권은 김대중이 망명 기간 중에 주한미군 철수를 주장할 정도로 반국가 활동을 했다고 주장했는데 이는 명백한 거짓임이 이 일기를 통해서 확인된다.

망명일기에서 확인되는 여러 가지 역사적 사실들

1) 성공한 대통령의 기원

이 일기 곳곳에서 김대중은 가혹한 독재정치에 의해 고통받는 엄혹한 현실에 대한 투쟁 의지와 함께 민주화 이후 성공적인 국정운영의 필요성을 강조하면서 이를 위한 준비가 필요하다는 주장을 펼친다. 1973년 4월 4일 일기를 보자.

"정권을 잡을 때까지는 이데올로기 또는 대의명분을 높이 걸고 이를 대중적으로 설득하고 선동하기 위한 웅변이 매우 중요하다. 그러나 일단 집권하면 이러한 대의명분과 더불어 구체적으로 대중의 생활을 향상시키고 국가의 발전을 성취할 수 있는 정책이 필요하다."

김대중은 당면한 민주화운동의 성공뿐만 아니라 민주화 이후 유능한 정치와 성공한 국정운영이 필요하다는 점을 강조하고 있는 것이다. 이는 민주적인 정통성을 갖춘 성공한 대통령으로 평가받는 김대중의 역사적인 업적이 오랜 기간 피나는 노력 끝에 이뤄진 성과라는 점을 확인할 수 있는 중요한 근거가 된다.

망명 중인 김대중은 국내에서 알기 힘든 남북대화와 국제정세에 대한 정보를 통해서 동북아지역 정세에 대한 이해를 높일 수 있었다. 일기를 보면 훗날 집권 이후 외교정책 추진 과정에서 참조했을 것으로 보이는 내용도 있다. 1972년 12월 28일 일기가 그렇다.

"여러 가지를 종합해보면 한국 정부가 북한과의 접촉 내용을 미국 정부에 상세하게 알려주지 않은 관계로 미국 정부는 이에 대해 불편한 생각을 갖고 있으며 특히 양국 정보기관(CIA)의 관계는 과거보다 좋지 않은 것으로 보인다."

이것은 김대중이 대통령 재임 중 2000년 남북정상회담 진행과 관련해서 "미국에 숨소리까지 전해라"라고 한 원칙의 배경을 이해하는 데 유의미한 내용으로 판단된다. 이와 같은 김대중 대통령의 대미외교에 클린턴 행정부가 전적으로 신뢰하고 지지한 것은 유명하다. 또한 미·중 화해가 이뤄지고 1973년 2월 베트남전 평화협정이 체결되는 등 동아시아 지역의 데탕트 분위기 속에서 북한의 국제적 진출을 유도하는 것이 필요하다는 입장을 밝혔는데 이는 훗날 햇볕정책의 기조와 같은 것이다.

이 일기를 보면 김대중의 준비는 다양한 부분에서 확인된다. 바쁜 망명 투쟁 속에서도 일부러 시간을 내서 영어 공부에 매진하는 모습이 나온다. 이는 김대중의 치밀하면서도 성실한 모습을 확인할 수 있는 대목이다. 또한 한국을 대표하는 민주진영의 리더로서 상대방에게 좋은 인상을 주기 위해 외모와 태도까지 신경 쓰는 모습은 인상적이다.

김대중은 1972년 12월 26일 일기에서 "신념에 차고 관대하고 멋이 있게"라고 썼고 1973년 4월 11일 일기에는 "명랑, 활달, 애교는 대중적 인기의 근원이다"라고 썼다. 외국의 주요 인사와 교포들에게 좋은 인상을 주어서 민주화 투쟁에 조금이라도 도움이 되도록 노력하겠다는 의지를 확인할 수 있다.

2) 그외 여러 가지

1972년 10월 17일 일기를 보면 이희호 여사에게 4,000만원의 부채가 있었다는 사실을 알 수 있는데, 이는 1971년 7대 대선 당시 발생한 것으로 판단된다. 그 당시 야당이 선거를 치르기 위해서는 후보와 당의 유력 인사 몇 명이 자금을 조달해야만 했다. 그때는 당원의 당비와 정치후원금 등이 사실상 없었고 선거공영제가 없었으며 정당에 대한 국고보조금도 없었기 때문이다. 그래서 야당 정치인이 선거를 치르는 것은 힘든 일이었고 특히 대선은 더욱 그랬다. 김대중은 청년 시절 사업가로서 많은 돈을 벌었지만 1950년대 여러 번 선거에 출마해 실패하면서 가산을 탕진하여 빈곤한 삶을 살기도 했다. 여기서 보듯 당시 야당 정치인과 가족의 삶은 여러 가지 측면에서 어려운 점이 많았다는 점을 확인할 수 있다.

독재정권 시절 감시를 피해 김대중이 인편을 통해 의사소통을 했다는 것은 알려진 사실이었지만 그 역할을 누가 했는지는 밝혀진 바 없었는데 이 일기에서 확인된다. 요코다 유이치 사장, 가이거 여사, 가이거 여사의 딸인 버네사 등이 인편 역할을 했으며 모두 일본에서 알게 된 인물들이다.

망명 활동 자금은 주로 일본에서 확보했다는 점이 확인된다. 고향 친구인 김종충과 김종충의 지인 그리고 일본인 사업가 등이 주로 후원했고 미국에서는 처남인 이성호가 후원했다.

우선 김대중은 확실한 신뢰 관계에 있는 사람들의 자금만 받았다는 점이 확인된다. 김대중이 납치당한 1973년 8월 8일 양일동을 만나러 간 것도 자금을 얻기 위해서였다. 이때는 민단 자주파와 한민통을 결성하기로 합의한 이후였는데, 이때까지도 막강한 조직력을 갖고 있던 민단 자주파의 자금 지원을 받지 않았다는 점을 보여주는 증거이기도 하다. 김대중은 유신 정권이 여러 공작을 펼칠 수 있다고 판단했기 때문에 자금 사정이 어려웠어도 이 부분을 철저하게 조심했다는 사실을 알 수 있다.

1차 망명시기 재미 한인 중에서는 처남인 이성호를 제외하고는 뚜렷한 후원자가 확인되지 않는다. 당시 접촉했던 한인들의 직업이 주로 연구자로서 급여생활자였고 사업가가 거의 없었다는 점도 영향을 주었다고 볼 수 있다.

이 일기를 보면 국내외 언론과 관련해서 새롭게 확인되는 부분들이 있다. 먼저 국내 언론의 경우 1972년 11월 22일 일기를 보면 미국 워싱턴 주재 한국 기자들과의 모임에서 국내 정치 언급을 피하는 기자들의 태도를 기록한 내용이 나온다. 당시 해외 특파원들마저 조심스러워할 정도로 유신 정권의 언론탄압이 심했다는 사실을 알 수 있다. 해외 언론의 경우 유럽의 언론이 김대중에 대해서 관심을 갖고 취재했다는 사실이 처음 확인된다. 프랑스의 『르몽드』, 독일 통일 전 서독의 '서독 국영TV'와 『남독일신문』 등 유럽에서도 김대중의 활동에 관심을 갖고 있었다는 사실이 이 일기를 통해서 확인된다 (1973년 1월 25일, 3월 1일, 3월 23일).

김대중이 일본 망명 중일 때 일본에 장기 체류한 오재식·강문규 등 한국 기독교계 인사와 일본의 이인하 목사 등과 많은 교류를 했음이 확인되었다. 이는 일본기독교협의회와의 관계, 한국 민주화에 대한 국제연대 등을 이해하는 데 중요한 내용이다.

끝으로 이 일기에는 망명정치인 김대중의 인간적인 고뇌를 알 수 있는 내용이 많이 나온다. 자신으로 인해 고통받는 가족과 측근 인사들의 소식에 괴로워하는 모습, 동지라고 생각했던 인사들의 변절 소식에 허탈해하는 모습, 조국의 현실을 외면하고 개인적인 안위만을 생각하는 인사들의 모습에 분노하는 모습 등이 기록되어 있다. 이렇게 어려운 상황 속에서도 김대중은 좌절하지 않고 조국의 민주 회복을 위해서 자신이 더욱 노력해야 한다는 각오를 이 일기에서 여러 번 밝혔다.

성공적인 망명 투쟁

『김대중 망명일기』는 박정희 유신 정권 시절 김대중 망명 투쟁의 내용과 성격을 이해하는 데 매우 중요한 의미가 있다. 특히 김대중의 망명 투쟁은 최초의 반유신 민주화운동으로서 역사적 가치가 매우 큼에도 그동안 내용 정리와 연구가 부족했다. 김대중의 성공적인 망명 투쟁에 초조해진 유신 정권은 납치사건을 일으켰고 김대중은 미국의 개입으로 극적으로 살아 돌아왔으며 그 이후 더욱 경직된 유신 정권은 극단적인 억압정책을 고수하다가 결국 자멸하게 된다.

유신 정권이 종말을 맞게 된 데에는 여러 이유가 결합되어 있는데 그 시작에는 김대중의 성공적인 망명 투쟁이 있었던 것이다. 그런 점에서 이 일기는 김대중의 민주화 투쟁 역사를 정확하면서도 풍부하게 이해하는 데 큰 도움이 되며 더 나아가 민주화운동 시기 한국 현대사의 전개 과정을 연구하는 데에도 매우 중요한 역사적 가치가 있다.

김대중 망명일기

지은이 김대중
기획 연세대학교 김대중도서관
펴낸이 김언호

펴낸곳 (주)도서출판 한길사
등록 1976년 12월 24일
주소 10881 경기도 파주시 광인사길 37
홈페이지 www.hangilsa.co.kr
전자우편 hangilsa@hangilsa.co.kr
전화 031-955-2000~3 **팩스** 031-955-2005

부사장 박관순 **총괄이사** 김서영 **관리이사** 곽명호
경영이사 김관영 **편집주간** 백은숙
편집 박홍민 노유연 배소현 임진영
관리 이희문 이진아 고지수 **마케팅** 이영은
디자인 창포 031-955-2097
CTP출력·인쇄 예림 **제책** 경일제책사

제1판 제1쇄 2025년 7월 22일
제1판 제2쇄 2025년 8월 18일

값 28,000원

ISBN 978-89-356-7903-4 03340

• 잘못 만들어진 책은 구입하신 서점에서 바꿔드립니다.